Desvíos

Desvíos

TONY EVANS

CASA
CREACIÓN

La mayoría de los productos de Casa Creación están disponibles a un precio con descuento en cantidades de mayoreo para promociones de ventas, ofertas especiales, levantar fondos y atender necesidades educativas. Para más información, escriba a Casa Creación, 600 Rinehart Road, Lake Mary, Florida, 32746; o llame al teléfono (407) 333-7117 en Estados Unidos.

Desvíos por Tony Evans
Publicado por Casa Creación
Una compañía de Charisma Media
600 Rinehart Road
Lake Mary, Florida 32746
www.casacreacion.com

Traducido por: Madeline Díaz
Diseño de portada por: Vincent Pirozzi
Director de diseño: Justin Evans

Library of Congress Control Number: 2017962614
ISBN: 978-1-62999-379-9
E-book: 978-1-62999-380-5

Impreso en los Estados Unidos de América
18 19 20 21 22 * 7 6 5 4 3 2 1

AGRADECIMIENTOS

Gracias a todo el equipo de B & H Publishing Group. Primero, a Jennifer Lyell, que lidera tan bien el equipo de libros comerciales y ha creído en *Desvíos* desde el principio. A Devin Maddox, Kim Stanford, Dave Schroeder y los innumerables otros que organizaron los muchos detalles necesarios para crear libros a partir de las palabras en una página, gracias. Y a toda nuestra familia LifeWay, dirigida por el valiente Thom Rainer, mi sincera gratitud se extiende hacia ustedes en Nashville, Tennessee. Gracias por su obra para el reino.

CONTENIDO

¿Qué es el destino?

 A millones de personas les encantó el programa de televisión *Seinfeld* cuando se trasmitió. Un departamento de teatro universitario hizo un estudio para descubrir por qué *Seinfeld* era tan popular. Ellos determinaron que la razón se debía a su programación carente de trama o argumento. Seinfeld solo deambulaba desventuradamente de una escena y una circunstancia a la siguiente sin conexión. El departamento de teatro llegó a la conclusión de que los estadounidenses que llevan una vida sin una trama prefieren programas de televisión sin tramas ni argumentos.

En la actualidad, en muchas de nuestras vidas existe una gran falta de trama. A menudo pasamos de una escena o circunstancia a la siguiente sin propósito. Vagamos de la escuela secundaria a la universidad, de la universidad a nuestro primer trabajo. Luego nos morimos de ganas por casarnos. Después nos morimos de ganas por tener hijos. Más tarde nos morimos de ganas por tenerlos fuera de casa. Entonces nos morimos de ganas por jubilarnos, solo para descubrir que estamos a punto de morir... sin haber sabido nunca por qué estábamos vivos en primer lugar.

Sin embargo, ¿cómo sería la vida si todos viviéramos con un propósito, con un destino? ¿De qué otra manera actuaríamos y pensaríamos si viéramos la mano de Dios en las tramas de nuestras vidas, conectando una circunstancia con la siguiente en el tapiz de su voluntad? ¿Cómo afectaría eso nuestras emociones? ¿Cómo afectaría nuestras elecciones? ¿Cómo afectaría nuestra perspectiva?

Creo que las afectaría mucho, porque cuando usted agrega propósito a la mezcla de dolor y paciencia, eso le proporciona la habilidad para mantenerse en marcha. Le da la capacidad de mantenerse avanzando cuando su motivación se ha esfumado. Le da la fuerza para aceptar y enfrentar sus miedos, decepciones y dolor en lugar de buscar distracciones para evitarlos.

> El destino *es el llamado de vida personalizado para el cual Dios nos ha equipado y ordenado, con el objetivo de darle la mayor gloria y lograr la expansión máxima de su reino.*

Debido a que este libro se titula *Desvíos* —compartiendo los principios bíblicos de cómo Dios a menudo lo llevará de donde usted está ahora a donde Él quiere que vaya— pensé que sería mejor si comenzábamos con una mirada a la destinación. Démosle un vistazo a lo que el *destino* significa.

El destino *es el llamado de vida personalizado para el cual*

Dios nos ha equipado y ordenado, con el objetivo de darle la mayor gloria y lograr la expansión máxima de su reino. Todo creyente debe entender en primer lugar que su destino principal es glorificar a Dios y dar a conocer su nombre (Isaías 43:6–7). El destino siempre comienza allí. Siempre implica darle gloria a Dios de alguna manera. Eso empieza con integrar a Dios a nuestra vida de forma tal que las personas entren en contacto con Él a través de nuestras palabras, espíritu, emociones o acciones Si usted quiere encontrar su destino, encuentre a Dios. Después de todo, Él es el autor del mismo.

Y no me refiero a «encontrarlo» como si estuviera perdido y usted no lo conociera. Me refiero a acercarse a Él. Conozca el corazón de Dios. Llegue a reconocer su voz más que la de cualquier otra persona en su vida. Descubra lo que le agrada y le hace sonreír con respecto a usted. Pase tiempo con Él. Háblele. Dios debe ocupar el lugar central de su corazón, mente, motivaciones y acciones (Deuteronomio 6:5). Después de todo, la esencia del destino mismo es servir a los propósitos de Dios.

Al obedecer y servir al Señor, Él hará que su propósito para usted resulte claro (Proverbios 3:5–7). No tendrá que descubrirlo o perseguirlo, ni colocar el vellón a la intemperie una y otra vez para discernirlo.

Dios no juega al escondite con su destino. Solo quiere que usted lo busque primero a Él y luego todas las cosas que necesita en su vida le serán dadas.

¿Por qué es tan importante encontrar y vivir su destino?

He servido como pastor por más de cuarenta años. Eso me ha dado la oportunidad única de formar parte de la vida de las personas a un nivel que la mayoría no experimenta. Debido a eso, puedo notar patrones que aparecen rutinariamente. Un patrón que he visto repetidas veces es este patrón del propósito vinculado a la satisfacción personal. Cuando las personas no viven con la sensación de que Dios les ha dado un propósito divino en la vida, o que lo están cumpliendo, se deprimen. He sido testigo de esto más veces de lo que deseo. Es por eso que me muestro tan apasionado en lo que respecta a ayudar a las personas a encontrar los principios que pueden señalarles el camino del destino en sus vidas. Todos tienen un destino y un propósito que cumplir. Todos.

Cada miembro del Cuerpo de Cristo tiene un papel único que desempeñar. No obstante, cuando algunos miembros no cumplen su destino dado por Dios, el Cuerpo no puede funcionar (Romanos 12:4–8) como fue diseñado para que lo hiciera. Otros se ven afectados negativamente cuando usted no vive su propósito. Todos estamos interconectados en el reino de Dios, y es por eso que resulta crucial que todos consideremos que buscar a Dios y vivir nuestro propósito es algo muy importante que debemos hacer. No solo por los demás, sino también porque lo beneficiará a usted.

Cuando descubra su destino, comenzará a vivir la vida como nunca lo ha hecho antes. Será capaz de recuperarse de las decepciones y desafíos, incluso del dolor. Hallará la resolución y la determinación que le permitirán lograr cosas que usted ni siquiera sabía que podía alcanzar. Su pasión por lo que hace y el placer que obtiene con ello serán contagiosos para los que lo rodean, haciendo que su esfera de influencia sea mejor como resultado. Avanzará a través de cosas que solían derrotarlo.

Aunque la persecución abatió al apóstol Pablo durante toda su vida, con frecuencia miraba hacia atrás al destino que Jesús le dio en el camino a Damasco y recuperaba la confianza para seguir adelante (Hechos 9:3–6; 22:6–10). Sabemos que estamos cumpliendo nuestro propósito debido a la fuerza que encontramos para seguir adelante cuando las circunstancias son tales que la mayoría de la gente se rendiría.

Únicamente usted

En cierta ocasión una niña pequeña le pidió a su padre cinco centavos. Él introdujo la mano en su bolsillo, pero no tenía ningún cambio. Entonces el padre sacó su billetera, y todo lo que tenía era un billete de veinte dólares. Su pequeña hija había sido una buena chica, así que le dijo: «Cariño, no tengo cinco centavos, pero aquí tienes un billete de veinte dólares».

Entonces la niña hizo un puchero y exclamó: «Pero papá, yo quiero cinco centavos». El padre trató de explicarle cuántas monedas de cinco centavos representaba el billete de veinte dólares, pero ella no lo entendió. Muchos de nosotros somos iguales. Queremos cinco centavos cuando Dios quiere darnos un billete de veinte dólares. Deseamos tanto hacer nuestra voluntad que nos perdemos el destino perfecto de Dios para nosotros. ¡Uno que vale mucho más que veinte dólares!

Demasiados de nosotros nos estamos perdiendo un destino glorioso porque queremos lo que queremos. Queremos cinco centavos. Queremos lo que conocemos y podemos ver. Sin embargo, Dios sabe que fuimos creados para mucho más. Y desea enseñarnos lo que eso es si aprendemos a dejar a un lado nuestros propios planes y nuestra propia voluntad y a buscarlo a Él primero. Demasiados cristianos creen que son gente «genérica» o producida en serie. Cuando entramos a una tienda de ropa, podemos elegir entre un número de camisas, cinturones, vestidos y pares de zapatos. No obstante, antes de que estos artículos llegaran al estante de la tienda, fueron producidos en masa en una gran fábrica, probablemente con poca atención a cada camisa, cinturón o calcetín individual. Pero Dios no produce personas «genéricas». Cada individuo ha sido diseñado a la medida por su mano amorosa y soberana. El hecho de que las huellas de cada persona sean completamente únicas demuestra que Dios no produce en masa a las personas.

Parte de vivir su destino implica vivir su singularidad, su naturaleza única. Dios lo ha creado de manera especial para sus propósitos. Dios lo ha diseñado de una forma intrincada y única para que le dé gloria, bendiga a otros y amplíe su reino. Salmo 139:13–14 declara: «Porque tú formaste mis entrañas; tú me hiciste en el vientre de mi madre. Te alabaré; porque formidables, maravillosas son tus obras».

Otro verso que habla de su sello personal se encuentra en Efesios 2:10: «Porque somos hechura suya, creados en Cristo Jesús para buenas obras, las cuales Dios preparó de antemano para que anduviésemos en ellas». En este verso, la palabra *hechura* significa «obra maestra». Tenga en cuenta que el título de *obra maestra* es reservado para el ejemplar más glorioso de una cierta forma de arte, tal como un poema, una pintura, una escultura o una pieza de música. Las obras maestras se conocen como tales debido a la habilidad y la experiencia de su creador. Por este motivo, las obras maestras de Dios deben ser apartadas (1 Pedro 1:2–4). Con el fin de que usted sea la obra maestra que Dios quiere que sea, Él debe santificarlo y hacerlo más como Jesucristo. Para lograrlo, a menudo coloca desvíos en su vida a fin de desarrollarlo.

Lo lleva por un camino que le dará la gracia para crecer. Dios lo seguirá formando y moldeando como su obra maestra en el curso de muchos desvíos hasta que esté listo para darse cuenta completamente de todo lo que Él tiene para que usted haga.

Usted no solo es una obra maestra, sino que Dios también ha preparado buenas obras para que las lleve a cabo. Eso significa que las buenas obras que Dios ha preparado para usted son las actividades bíblicamente autorizadas que le dan gloria a Él y benefician a los demás. Mientras camina por el camino de las buenas obras que Dios ha establecido, cumplirá su destino. A veces esto requiere aprender, crecer y desarrollarse como persona. Esas temporadas son a lo que podemos referirnos como un desvío. Son tiempos en los que Dios busca moldear en nosotros el carácter que puede usar para las buenas obras que ha preparado. Eso no siempre es divertido. A veces duele y a menudo más de lo que cualquiera de nosotros desea. Sin embargo, Dios logrará el resultado deseado si se lo permite. Es solo cuando nos preocupamos, peleamos y nos quejamos que nuestros desvíos duran más tiempo del necesario.

Cuando usted plancha una camisa que está arrugada, debe agregar vapor y calor para eliminar las arrugas. ¿Y por qué planchamos las camisas, los pantalones y vestidos? Porque queremos lucir bien cuando los usamos. De la misma manera, Dios tiene que hacernos pasar por los fuegos del refinamiento para limar los lugares ásperos y corregir nuestros defectos.

Ahora imagine que esa camisa que estaba planchando no se quedara quieta. Imagine que se mantuviera saliéndose de la tabla de planchar. ¿O qué tal si se plegara toda como una bola apretada cada vez que intentara plancharla? ¿Cuánto tardaría entonces esa sesión de planchado si la camisa simplemente permaneciera en su sitio y le permitiera estirarla hasta la perfección?

Lo mismo es cierto para nosotros en nuestros desvíos. Muy a

menudo somos la causa de nuestros retrasos. Somos la causa de nuestros desvíos adicionales. Nuestra falta de conformidad con el desarrollo de Dios en nuestro corazón, espíritu y alma prolongará con demasiada frecuencia lo que hacemos sin disfrutarlo. La rendición es un secreto crucial para acelerar el proceso hacia su destino.

Nosotros, como obras maestras de Dios, somos portadores del nombre y la imagen de nuestro Maestro.

Y Él quiere asegurarse de que esa imagen lo refleje bien. Cuando cumplimos nuestros destinos ordenados por Dios, Él desea que otros vean su belleza a través de nosotros, y eso requiere un refinamiento en nuestra vida.

Herramientas del destino

Un martillo y un cincel en las manos de un escultor pueden convertir un bloque de piedra en una obra de arte. Con cada golpe, mientras el martillo golpea el cincel, se desprenden pedazos de piedra y finalmente revelan una hermosa escultura. Aunque el proceso de cincelado en la piedra parece duro e inflexible, el resultado vale la pena el dolor.

Del mismo modo, cuando Dios pone sus manos en nuestras experiencias alegres y dolorosas, puede convertir nuestras vidas en obras maestras que revelan su gloria y canalizan sus bendiciones a los demás. Dios usará nuestras habilidades, adiestramientos e intereses para ayudarnos a descubrir nuestro propósito en la vida. También convertirá nuestras fallas y pecados en oportunidades para transformarnos en las personas que tenía la intención que fuéramos cuando nos creó. E incluso cuando enfrentamos injusticias, persecución y tragedias insoportables, Dios convertirá nuestro dolor en una pasión por Él si se lo permitimos.

Algunas de las herramientas principales que Dios usa para ayudarnos a identificar el destino que ha diseñado para nosotros son nuestras experiencias. Dios puede poner juntas las experiencias buenas, malas y amargas que hemos atravesado en la vida para darle forma a una bella obra maestra del destino y lograr su propósito en nuestras vidas.

Sin embargo, usted lo ha adivinado. No es posible tener experiencias sin atravesar —por supuesto— tales experiencias. Los desvíos son a menudo esas oportunidades que Dios usa en nuestra vida para esculpirnos a través de las experiencias que enfrentamos. Podemos cooperar con estos desvíos pidiéndole a Dios que nos revele las lecciones que quiere que aprendamos, o las habilidades que desea que desarrollemos, y así sucesivamente, o podemos quejarnos, patalear, gritar, pelear y permanecer en el desvío mucho más tiempo del que hubiéramos necesitado.

Una de las cosas que pueden ayudarlo a usted y a mí a medida que avanzamos a través de varias experiencias en la vida que no deseamos atravesar es recordar esta verdad bíblica: Dios usa todas nuestras experiencias para darle gloria cuando se lo permitimos. Él soberanamente obra por medio de todos nuestros desvíos a fin de glorificarse y conseguir lo que es mejor para nuestro desarrollo y para que podamos hacerle el bien a los demás (Romanos 8:28–30). A través de experiencias buenas, malas y amargas, Dios lo prepara para cumplir su plan.

Las buenas

Las experiencias buenas son las cosas positivas que han sucedido como resultado de la voluntad de Dios y las buenas elecciones que usted ha hecho. Estas pueden abarcar su educación, conexiones, familia, logros y más. Dios las usará a fin de moldearlo especialmente para cumplir su plan. Esto puede suceder incluso si usted no se propuso servir a Dios en medio de estas experiencias que adquirió. Por ejemplo, Él tomó el entrenamiento de Saulo como fariseo, lo santificó y lo usó para preparar al «Pablo» convertido con el fin de establecer el fundamento teológico de la iglesia a través de las cartas del Nuevo Testamento que él escribió (Hechos 22:3).

Dios también usó el oficio de Pedro como pescador a fin de convertirlo en un pescador de hombres y un líder de la iglesia primitiva (Mateo 4:18–20). Dios aprovechó el entrenamiento de Moisés en la casa real egipcia para permitirle redimir al pueblo de Dios (Éxodo 3:10). Dios utilizó la belleza de Ester para convertirla en reina a fin de poder salvar a su pueblo (Ester 4:14).

Las malas

Dios también usará tus malas experiencias para lograr su voluntad. Las malas experiencias son los errores, pecados, fracasos, consecuencias y lamentaciones que hayan ocurrido debido a sus propias elecciones. Dios puede tomar sus malas experiencias y convertirlas en herramientas que le proporcionen gloria. Por ejemplo, Pedro negó a Jesús tres veces, pero Dios usó ese fracaso con el fin de humillar a Pedro y prepararlo para el ministerio y fortalecer a otros cristianos (Lucas 22:31–34).

¿Cómo Dios reivindicó a Pedro después de negar a Jesús? Cuando el discípulo estaba pescando en el mar de Galilea, vio a Jesús en la orilla cocinando unos pescados sobre carbón encendido. La palabra griega para *carbón* solo se usa dos veces en el Nuevo Testamento, en una ocasión cuando Pedro estaba calentando sus manos sobre un fuego de carbón en el momento en que negó a Jesús, y la otra cuando Jesús cocinó el desayuno de Pedro sobre el carbón encendido. Dios llevó a Pedro al lugar de su fracaso —junto al fuego donde negó a su Señor— le dio una lección de humildad y luego le dijo que alimentara a sus ovejas. Finalmente, Pedro estaba listo para ayudar a otros.

Una cosa que hay que recordar con respecto a las malas experiencias en la vida es que usted debe aprender de sus fracasos y las consecuencias de sus malas decisiones y ser humillado a fin de que Dios pueda usarlas para su bien. Dios a menudo lo llevará a un punto similar al que estuvo en un momento de fracaso en su vida para volver a probarlo o recordarle que puede ser humilde y crecer.

Las amargas

Por último, Dios usa las experiencias amargas para lograr sus deseos. Las experiencias amargas son aquellas cosas que le han sucedido, pero que no son su culpa, tales como abandono, abuso, negligencia, injusticia y enfermedades. Según estudiaremos en nuestro tiempo juntos en este libro sobre los desvíos, José nació en una familia disfuncional, sus hermanos lo vendieron, la esposa de Potifar lo acusó injustamente, y lo enviaron a la cárcel sin merecerlo y allí fue olvidado. No hay historia tan amarga como la de José.

Sin embargo, en su tiempo perfecto, Dios elevó a José a una posición de influencia. José no permitió que la amargura se apoderara de él debido a las experiencias negativas que claramente no merecía. Más bien, vio la mano de Dios obrando a través de personas malvadas y la injusticia a fin de situarlo en una posición desde la que pudiera salvar a su familia y su pueblo (Génesis 50:20). A medida que José reconoció la soberanía de Dios, confió en Él y no permitió que la amargura echara raíces en su corazón (Génesis 39:20–23).

Algunas de las principales cosas que Dios usa para ayudarnos a identificar su destino divino y diseñado para nosotros son nuestras experiencias buenas, malas y amargas. Dios tiene la capacidad de tomar nuestro desorden, o el desorden que las personas han causado en nuestra vida, y crear nuestros milagros.

Sin embargo, una de las razones por las que muchos permanecen atrapados en un desvío tras otro es que no han aprendido de sus fracasos, o no han aprendido a perdonar las fallas de otras personas.

Dios tiene una manera de tomar lo malo y hacerlo mejor cuando nos rendimos a su mano, su soberanía, su plan.

Todo gira en torno a la alineación

Al igual que un automóvil debe estar alineado para poder conducirlo sin problemas por los caminos de la vida, nosotros también debemos estar alineados espiritualmente con Dios para hacer nuestro viaje sin problemas. Las puertas permanecen cerradas cuando estamos fuera de alineación. Los desvíos permanecen a la vista durante kilómetros y kilómetros por delante. La alineación es uno de esos componentes espirituales cruciales que unas pocas personas parecen no captar, e incluso más fallan en aplicar. Sin embargo, puede ayudarlo a despejar su camino hacia el destino más rápido que casi cualquier otra cosa (Juan 15:5).

Un hombre de negocios tenía un día exigente por delante y ya iba tarde para el trabajo. Él encendió el auto, lo puso en reversa y presionó el botón para abrir la puerta del garaje. No sucedió nada. Lo golpeó una y otra vez, un poco más duro en cada ocasión. Aún nada. *Tengo que salir de este garaje y llegar al trabajo a tiempo para mi reunión importante*, pensó. Frustrado, apagó el auto, sacó su teléfono celular y llamó al reparador de la puerta del garaje.

Cuando el reparador respondió al teléfono, el hombre de negocios le explicó la situación y le rogó que lo ayudara. «No puedo llegar a mi destino, porque estoy atrapado en mi garaje».

El reparador le dijo al hombre de negocios que caminara hasta la puerta del garaje y encontrara lo que parecían ser unas pequeñas cajas en la parte inferior derecha e izquierda de la puerta. Así que el hombre de negocios encontró las cajitas.

El reparador preguntó: «¿Están las luces rojas en el centro de las cajas apuntando exactamente la una a la otra?». El hombre de negocios notó que las luces rojas en una de las cajas no estaban alineadas.

El reparador dijo: «Ese es su problema. Cuando las luces rojas no tienen una alineación perfecta, la puerta no puede recibir la señal para abrirse». Después de que el empresario moviera un poco la caja, las luces rojas coincidieron, la puerta se abrió, y él se fue para enfrentar su ajetreado día.

Una de las razones por las que las personas tienen problemas y se mantienen en desvíos demasiado largos es porque no están alineadas con Dios, el único que puede darles la línea recta hacia adelante. Si los cristianos viven vidas desalineadas, no recibiremos la señal de Dios. No escucharemos: «Da la vuelta aquí» cuando lo necesitamos. O «habla con esta persona» o «solicita este trabajo». Más bien, nos quedaremos atrapados tratando de resolver constantemente las cosas basándonos en nuestra lógica y nuestro razonamiento. Aunque la lógica y el razonamiento tienen su lugar, existen demasiadas incógnitas en el camino de la vida: cosas que no podemos ver, escuchar o incluso predecir pueden suceder. Solo Dios conoce el final desde el comienzo. Solo Dios sabe lo que Él ha planeado para el futuro. La lógica y el razonamiento solo pueden discernir dentro del contexto de su propia conciencia. No obstante, cuando usted está alineado con Dios y permaneciendo en su Espíritu, Él guiará a su espíritu como un sistema GPS personal.

Muchas personas que tienen un televisor poseen una antena parabólica de algún tipo. Cuando la antena capta la frecuencia, usted obtiene una imagen y puede ver claramente su programa de televisión favorito. No obstante, cuando la señal se interrumpe, a pesar de que ha sido enviada, su antena no la capta. Y no puede ver nada en su televisor.

Del mismo modo, Dios quiere proporcionarle los pasos a seguir en los desvíos a su destino. Sin embargo, quiere saber que usted está en un lugar para recibir su mensaje. Eso significa que debe apartarse de la estática de este orden mundial, de los pensamientos que niegan el marco espiritual de la verdad bíblica…del materialismo, la distracción y la mundanería.

Cuando usted permanece en su presencia, Él habla.

El Señor les habló a los apóstoles y apartó a Pablo y Bernabé para su propósito mientras los apóstoles lo adoraban en su presencia (Hechos 13:2–3). Dios a menudo nos guía cuando practicamos las disciplinas espirituales, que incluyen la adoración, el ayuno y la oración. ¿Qué es la adoración? La adoración es alinear su espíritu con Dios para que pueda escucharlo. Cuando adora a Dios, reconoce quién es Él, lo que ha hecho y que confía en lo que hará en el futuro. Reconoce y descansa en su preeminencia sobre todo, incluso usted mismo. El Señor quiere guiarlo, pero debe permanecer en una posición que pueda escucharlo.

Si siente que está desalineado, una cosa que puede hacer es comenzar a vivir en sumisión a Él. La Escritura dice que este es nuestro acto de adoración diario. Sacrifique su perspectiva, planes y voluntad para alinear su alma con Él. Entonces podrá entender su voluntad perfecta y verla obrando en su vida (Romanos 12:1–2).

Cuando un bebé está en posición podálica, su cabeza se encuentra hacia arriba. El doctor tiene entonces que girarlo y colocar la pequeña cabeza hacia abajo. No obstante, cuando su cabeza se encuentra en el lugar correcto, es el momento del alumbramiento.

Cuando usted vive con su mente y sus pensamientos enfocados en la dirección equivocada, tendrá dificultades para encontrar su destino. Irá desvío tras desvío tras desvío. Sin embargo, cuando permite que el Gran Médico le dé la vuelta, que coloque su cabeza hacia abajo, a pesar de que el proceso puede resultar doloroso, esto lo prepara para caminar con un propósito.

Recuerde siempre que incluso en los lugares oscuros Dios tiene un plan para usted. La buena noticia es que no tiene que hallar la salida de su desvío por sí mismo. Solo tiene que encontrar a Dios y Él le dará la vía de escape. Pero antes de hacerlo, puede tener algunas cosas listas a fin de prepararlo primero. Vamos a aprender sobre esto en los próximos capítulos.

CAPÍTULO UNO

El propósito de los desvíos

 Los desvíos son demoras. Son caminos que nos hacen seguir un curso diferente y nos alejan de nuestra ruta original. Los desvíos se presentan en lugares que no habíamos esperado. Cuando entramos en nuestros autos, lo hacemos con un destino en mente. Tenemos pensado ir a *algún lado*.

Y normalmente sabemos *cómo* planeamos llegar hasta allí, qué autopista vamos a tomar, dónde girar para evitar el tráfico de la hora pico, y qué calles laterales usaremos para llegar a nuestro destino final.

E incluso si no conocemos el camino, podemos escribir la dirección de destino en la aplicación de nuestro teléfono inteligente y confiar en una voz automatizada que nos dirija en cada giro.

Independientemente de si estamos siguiendo nuestro propio mapa mental o a la voz en nuestro teléfono, a veces encontramos un desvío (algo que no esperábamos). Algunos obstáculos que nos obligan a cambiar el sentido en el que avanzamos o a recorrer un camino que no teníamos previsto.

No sé a usted, pero a mí me gusta llegar a donde voy sin desvíos.

Por cierto, cuando los niños eran más chicos y nos subíamos todos en el auto a fin de conducir desde Dallas hasta Baltimore para visitar a mis padres cada verano, apenas me detenía. A veces competía conmigo mismo basándome en el tiempo del año anterior para ver si podía superar mi propia marca.

Si los niños necesitaban usar el baño, les decía que esperaran. Si tenían sed, debían esperar. Había un método para mi locura, como verá. Si los niños ingerían cualquier bebida, tendríamos que parar más adelante en la carretera para usar el baño. Esencialmente, todos ellos permanecían en el asiento a mi merced, porque yo tenía un destino al cual llegar.

Como podrá imaginar, si ni siquiera me detengo por cosas normales como los descansos para comer e ir al baño, ya sabrá cómo me siento con respecto a un desvío. No es algo bueno.

Suspiro.

Gimo.

Me pregunto por qué esto me sucedió justo ahora.

¿Alguna vez ha hecho algo similar? ¿Alguna vez ha estado conduciendo por la carretera mientras todo iba bien, solo para llegar a un lugar en construcción con señales y flechas anaranjadas y comprobar que toda su actitud y perspectiva cambiaban?

Admito que las mías han cambiado; usted puede admitirlo también.

Los desvíos son típicamente inconvenientes inesperados que de forma infalible causan un impacto en sus emociones. Puede tratarse de una señal que surge enfrente, una persona que le pide que se dirija en otra dirección, o un automóvil policial con luces encendidas que está allí para hacerle saber que el camino por el que viaja ya no está disponible. Ahora, debido al desvío, usted y yo debemos salirnos del camino más transitado, tardar más tiempo del que habíamos deseado, y experimentar inconvenientes para llegar a donde habíamos planeado ir.

A pocos de nosotros nos gusta vernos retrasados por cualquier razón. Incluso si se trata solo de alguien bloqueándonos en el tráfico y obligándonos a reducir la velocidad. Sin embargo, los desvíos son necesarios si se va a realizar alguna mejora en los caminos por los que viajamos. O si se van a limpiar los restos de algún desastre o va a evitarse un peligro. Los desvíos están diseñados para nuestro propio bien, independientemente de cómo los vemos o nos sentimos con respecto a ellos. Los desvíos son cosas buenas que a menudo se sienten mal.

Los desvíos divinamente diseñados son interrupciones positivas planeadas con el fin de llevarnos a un mejor camino para que podamos tener la oportunidad de llegar por completo a nuestro destino.

> *Los desvíos son cosas buenas que a menudo se sienten mal.*

Déjeme repetirlo, ya que es algo que no escuchamos a menudo: *los desvíos pueden ser algo bueno.* Ellos proporcionan seguridad, oportunidades para mejorar las carreteras y una forma diferente de llegar a donde queremos ir.

Si usted fuera a sentarse en una señal de desvío y a negarse tercamente a tomar la ruta alterna, no iría a ninguna parte.

Se quedaría sentado allí. Durante días. Posiblemente semanas a veces.

Sí, un desvío puede tomar más tiempo de lo que había planeado inicialmente; sin embargo, no tomará más tiempo que si intentara avanzar por el camino original. Eso no lo llevará a ninguna parte.

Desvíos en el camino de la vida

Si usted es un creyente en Jesucristo, tiene una destinación. A menudo nos referiremos a eso a lo largo de este libro, y en la vida, como su *destino*.

Desde una perspectiva eterna, sabemos cuál es nuestro destino y que implica estar en la presencia de Dios para siempre: adorándolo y trabajando para Él en nuestro estado eterno. Ese es nuestro *destino eterno*.

Sin embargo, cada uno de nosotros también tiene un destino limitado por el tiempo aquí en la tierra. Yo le llamo a esto nuestro *destino histórico*. Se trata del propósito único que usted y yo hemos sido creados para cumplir.

Dios tiene un plan para usted. Él tiene un plan para su vida. Él tiene un propósito para su existencia. La razón por la que usted no fue llevado al cielo justo en el momento después de su conversión es porque hay un propósito en la tierra; Dios desea que viva su destino. Su destino no envuelve solo cumplir con las formalidades un día tras otro. Se trata de un sello diseñado por Dios en su alma que implica el uso de su tiempo, talentos y tesoros para su gloria y el bien de los demás con el fin de lograr el avance de su reino. A medida que usted cumple su destino, recibe la satisfacción y el contentamiento que vienen de vivir su llamado. Usted recibe la paz que proviene del propósito.

Pocas veces Dios lleva a alguien a su destino sin que experimente al menos un desvío, o dos, o diez, o cien. Es un cristiano en un millón el que va del punto A al B al C y directamente al Z. Más a menudo Dios nos lleva del A al F al D al R al B al Q, y así sucesivamente. Nunca sabemos hacia cuál letra nos llevará a continuación.

Como personas, nos gusta planificar. Preparamos nuestros itinerarios cuando viajamos. Mantenemos un registro de nuestra programación en una aplicación de calendario. Apreciamos la eficiencia de avanzar ininterrumpidamente. Nunca planearemos a propósito el caos y los desvíos en nuestra vida. Y sin embargo, este parece ser el *modus operandi* de Dios, su forma predeterminada de guiarnos.

Esto se debe a que es en nuestros desvíos que nos desarrollamos para alcanzar nuestro destino.

Desarrollo

Una parte de experimentar la plenitud de su destino es que usted comprenda sus desvíos. Con demasiada frecuencia no logramos entender nuestros desvíos, y como resultado terminamos percibiéndolos bajo una luz equivocada. Cuando esto sucede, damos lugar a que crezcan cosas como la impaciencia, la amargura, el arrepentimiento y las dudas. En lugar de permitir que los desvíos produzcan el desarrollo que requerimos, en realidad nos hacen retroceder espiritualmente, y esto plantea la necesidad de más desvíos con el fin de crecer. Tal cosa puede convertirse en un círculo vicioso.

Por ejemplo, cuando usted estaba en la escuela, tenía que realizar las pruebas académicas. Estas pruebas le permitían al maestro saber dónde se encontraba usted con respecto a la materia que necesitaba aprender. Si no podía pasar estas pruebas, entonces tenía que realizar más tareas y más pruebas. ¿Alguna vez conoció a alguien que fue «eximido» de tomar una clase o hacer una tarea? Esto sucedió cuando esa persona sintió que tenía conocimientos suficientes para pasar la prueba sin tener que llevar a cabo el trabajo de aprender. En este caso, realizó una prueba, y si la calificación fue lo suficiente alta, la persona podría omitir el resto del curso.

Nunca fui «eximido» de pasar un curso, pero conozco a personas que sí lo lograron. La mayoría de nosotros tenemos que pasar por el proceso de aprendizaje —desafortunadamente, algunos de nosotros más a menudo que otros— para dominar lo que necesitamos saber.

Dios no va a llevar su destino a buen término hasta que sepa que usted es capaz de manejarlo espiritual, emocional y físicamente. Si no puede manejarlo, lo *perderá* en lugar de *utilizarlo* para su gloria. Esa es la razón por la que Él se enfoca con tanta atención en nuestro desarrollo mientras nos lleva a nuestro destino.

Si usted considera la Escritura, observará que está llena de destinos alcanzados por medio de desvíos. Cuando Dios le dijo a Israel que los llevaría a su destino en Canaán, tuvieron que cruzar el mar Rojo para llegar allí. Sin embargo, Él no los condujo directamente al mar Rojo. Más bien, los llevó hacia el sur y luego los volvió a subir antes conducirlos a través del mar Rojo. En realidad, debido a que todavía no habían desarrollado el nivel de fe que necesitaban para conquistar al enemigo en la Tierra

Prometida, terminaron errantes en un desvío de cuarenta años antes de alcanzar su destino.

El momento y la duración de nuestros desvíos en la vida a menudo dependen de nuestras elecciones y el crecimiento personal. Dios puede tener un desvío corto planeado para nosotros, pero a veces debido a nuestra cabeza dura, terquedad o inmadurez, Él lo extiende.

Moisés permaneció en un desvío durante cuarenta años. Él sabía lo que Dios deseaba que hiciera. Dios quería que liberara a su pueblo de la esclavitud. Sin embargo, fueron necesarios cuarenta años en el desierto para que Moisés se desarrollara hasta convertirse en el siervo humilde y confiado que necesitaba ser a fin de que tuviera la mentalidad, la fe y las habilidades para llevar a cabo el plan.

Abraham estuvo en un desvío de veinticinco años. En cierto momento Dios le había comunicado su plan para él: que bendeciría a las naciones a través de Abraham y engrandecería su nombre. ¿Cómo podría Abraham pensar en ese momento que transcurrirían veinticinco años antes de que tuviera un hijo? La visión y la proclamación de Dios para Abraham eran reales y vívidas. Hubiera sido extraño que él pensara en ese momento que pasarían casi tres décadas antes de que fuera testigo del nacimiento literal de las mismas.

Cuando le damos un plan o una proyección a alguien, normalmente lo hacemos muy poco tiempo antes de que hayamos pensado llevarlo a cabo. Sin embargo, Dios no es como nosotros y a menudo nos dará un vislumbre de nuestro destino mucho antes de que estemos preparados para hacerlo realidad, como lo hizo cuando le dijo a Abraham que habría un desvío de cuatrocientos años en Egipto antes de que ellos llegaran a la destinación prometida (Génesis 15:12–16).

Pablo, el más grande apóstol en el Nuevo Testamento, experimentó un desvío de tres años en un desierto donde Dios lo apartó de la primera plana de la cultura y la vida con el fin de fortalecerlo, enseñarle y desarrollarlo para su llamado.

Podría seguir y seguir poniendo ejemplos bíblicos de desvíos, pero creo que ya tiene una imagen. Los desvíos a menudo son una parte habitual del plan de Dios mientras nos guía a nuestros destinos.

Dios *tiene* un destino para usted. Él tiene un lugar y un propósito que quiere que viva. No obstante, puede que esto no ocurra mañana. Probablemente no llegará allí yendo en línea recta. La paciencia es la principal virtud necesaria para que alcance su destino.

El siguiente pasaje habla sobre «pruebas», pero podemos fácilmente sustituir la palabra *tribulación* por *desvío* y llegar al mismo significado previsto:

> Y no sólo esto, sino que también nos gloriamos en las tribulaciones [los desvíos], sabiendo que la tribulación [el desvío] produce paciencia; y la paciencia, prueba; y la prueba, esperanza; y la esperanza no avergüenza; porque el amor de Dios ha sido derramado en nuestros corazones por el Espíritu Santo que nos fue dado (Romanos 5:3–5, corchetes añadidos).

La esperanza no defrauda. Los desvíos decepcionan por un momento. Pero cuando les permitimos producir esperanza, Dios promete que esa esperanza no nos defraudará. Y para alcanzar una esperanza auténtica en su espíritu, es necesario que acepte sus desvíos.

Así como sus músculos no se fortalecerán simplemente por desearlo y pensar en ello, el doloroso proceso de fortalecer su esperanza viene por medio de desvíos, tribulaciones y pruebas. Muéstreme a alguien con una esperanza inquebrantable, y veremos a alguien que ha tenido su buena porción de desvíos. Le prometo que esto es cierto. La esperanza auténtica es una cualidad aprendida.

Ahora bien, no estoy hablando de una ilusión o una actitud optimista. Me refiero a ese nivel de esperanza que se mantiene firme a pesar de la tormenta y las circunstancias, las cuales lo rodean en oleadas de caos, pruebas y sufrimientos.

Los desvíos de José

No hay persona en la Escritura que ilustre mejor los principios de los desvíos en relación con el destino que José. Su vida parece una buena novela de suspense; se asemeja a una película épica. Muestra giros y vueltas a lo largo del camino. Y no solo eso, contiene historias dentro de historias dentro de historias. Si usted no saltó hasta el final, quizás se pregunte cómo podría terminar bien a lo largo del camino. No obstante, así es. Avanzando del capítulo 37 hasta el 50, nos enteramos de la culminación de los desvíos y angustias cuando se nos da a conocer la respuesta de José a aquellos que habían servido como catalizadores del caos en su vida. Leemos:

No me tengan miedo. ¿Acaso soy Dios para castigarlos? Ustedes se propusieron hacerme mal, pero Dios dispuso todo para bien. Él me puso en este cargo para que yo pudiera salvar la vida de muchas personas (Génesis 50:19–20, NTV).

Observe la frase: «Ustedes se propusieron hacerme mal, pero Dios dispuso todo para bien». Esta perspicaz inclusión en la Escritura nos da una pista en cuanto a la composición de los desvíos. Ellos pueden a menudo contener mal. A menudo pueden contener personas malas. En realidad, es posible que nuestras propias malas elecciones en la vida nos lleven a un desvío. En esta batalla cósmica del bien contra el mal, no podemos esperar escapar sin entrar en un contacto cercano con aquello que pretende dañarnos.

Sin embargo, lo que a menudo hacemos es permanecer atrapados allí. Sufrimos bajo la maldad de las personas que actúan mal o nuestras propias malas decisiones producen amargura, cinismo, odio y retraso en el crecimiento. Es solo cuando leemos la frase completa —deteniéndonos en esa parte que José incluyó: «pero Dios dispuso todo para bien»— que somos capaces de seguir adelante, crecer, confiar y alcanzar nuestro destino.

Lo malo y lo bueno suceden al mismo tiempo para llevarnos al lugar que Dios tiene para nosotros. La primera y más importante lección en cuanto a los desvíos incluye reconocer esta realidad a un nivel que le permita confiar en Dios y su mano en medio del mal, el pecado y la decepción en su vida.

Dios es más grande que todo y usará estas cosas para bien cuando nos rindamos a Él a través de un corazón de fe, esperanza, perdón y amor.

CAPÍTULO DOS

El dolor de los desvíos

 Yo sé lo que es esperar con respecto a una visión. Habiendo estado en el ministerio por más de cuatro décadas, he tenido varias experiencias del Señor dándome un sueño que sentía era de Él, solo para verlo retardarse durante largos períodos de tiempo.

Incluso mientras escribo este libro, estoy en medio de uno de estos escenarios. Se trata de una propiedad que Dios puso en mi corazón que comprara hace más de una década. Es un hermoso pedazo de cielo de veintidós acres en el corazón del sur de Dallas. Una casa de estilo colonial inmaculada, construida en la década de 1930, ubicada en sus terrenos prístinos. Tan hermosa es esta casa, que se ha utilizado como un escenario en la película *Tender Mercies* (*El precio de la felicidad* en Hispanoamérica).

No sé exactamente por qué, pero cuando esta propiedad llegó al mercado hace muchos años, mi espíritu no descansaría mientras oraba todo el tiempo que estuve persiguiéndola. No podía ver el propósito, pero el Espíritu no me dejó tener paz hasta que la adquirí.

Ahora bien, comprar veintidós acres de terreno llenos de árboles, junto con una casa y una alberca, no es una decisión fácil. Especialmente cuando mi esposa y yo todavía residimos en la misma casa pequeña de un solo nivel en la que hemos vivido por más de treinta y cinco años. No tenía sentido comprar esta propiedad con nuestras finanzas personales en lugar de que mi esposa y yo nos mudáramos a una hermosa casa nueva por el mismo precio.

Después de todo, no íbamos a vivir en esta propiedad. Sin embargo, Dios me dejó claro que necesitaba obtenerla mientras estuviera disponible. Así que —después de orar y hablar con Lois al respecto, y llegar al acuerdo de que el Señor estaba poniendo en nuestros corazones que la adquiriéramos— lo hicimos.

A lo largo de los años, la hemos utilizado para muchas cosas. Ha servido como la sede del Centro para Crisis de Embarazo de nuestra iglesia. Ha sido un lugar para eventos y salidas familiares. Por cierto, nuestra nieta Kariss se casó allí con su esposo, Joshua, no hace mucho tiempo. Sin embargo, no fue hasta hace poco tiempo que me di cuenta de por qué había comprado esta propiedad desde hace muchos años. En el momento en que la obtuve, la visión del legado de nuestro centro de entrenamiento ni siquiera había nacido. No era siquiera un embrión en ese punto. Debido a que el concepto aún no había sido concebido, Dios no podía decirme por qué necesitaba la propiedad. Él solo podía decirme que era necesaria.

Desde esa fecha original de la compra, he madurado hasta llegar a los años de planificar mi legado. Durante este tiempo, nuestro ministerio nacional se sintió dirigido por el Señor a poner en marcha un programa estratégico de capacitación en línea, junto con cursos localizados, para recopilar mi vida de aprendizaje. A medida que avanzamos a través de las etapas de planificación para este centro de capacitación, los veintidós acres de tierra ubicados a un paso de nuestra propia casa se presentaron como el lugar perfecto para estas oficinas centrales. Los terrenos también nos ofrecen una maravillosa y hermosa ubicación para actividades de adiestramiento al estilo de retiros más pequeños a medida que envejezco y viajo menos.

Dios sabía desde aquel entonces que Él necesitaría esta tierra ahora; y si yo no hubiera actuado con fe siguiendo la indicación de su Espíritu, posiblemente no estaría disponible para nosotros en la actualidad. A veces Dios nos pide que demos el siguiente paso sin mostrarnos el destino. Vivir una vida de fe comprende los desvíos. Cuando entendemos que esta es una realidad normativa, estamos más dispuestos a dar pasos con fe mientras confiamos en que Dios revelará la lógica y la razón a medida que pasa el tiempo.

Un hogar disfuncional

La historia de José ilustra esto mejor que casi cualquier otro ejemplo que conozco. La Biblia comienza su historia para nosotros cuando José tiene diecisiete años. Siendo el hijo decimoprimero de Jacob, descubrimos que José era un adolescente que vivía en un hogar muy disfuncional. Su padre es conocido como un engañador y un embaucador. Toda su vida, Jacob engañó y le hizo trampa a la gente para salirse con la suya. Él era un manipulador de oficio. Uno de las tretas más infames por las que se le conoce es la de engañar a su padre para que le diera el derecho de primogenitura a él en lugar de a su hermano mayor, a quien le pertenecía.

Jacob tuvo doce hijos de cuatro mujeres diferentes, lo cual explica en gran parte la disfunción: doce niños de cuatro mujeres es algo que puede dar lugar a algunas complicaciones graves en el futuro. En medio del drama entre sus madres, los niños crecieron para crear diversos tipos de caos. Uno de los hijos, Rubén, tuvo relaciones sexuales con una de las esposas de su padre. Cuando Jacob se enteró, lo cual hizo, ya podrá imaginar qué sucedió. Los *reality* televisivos de hoy no se comparan con la familia de José. Usted puede mantenerse al tanto de las Kardashians en nuestro mundo de hoy, pero dudo que alguien pueda seguirles el ritmo a José y sus hermanos. Ellos habrían sido expulsados de la televisión simplemente debido al nivel de crisis que enfrentaron. Los medios sociales los habrían bloqueado y sacado de la red.

Dos de los hermanos de José, Simeón y Leví, fueron asesinos en masa. En Génesis 34:25 leemos: «Pero sucedió que al tercer día, cuando sentían ellos [los hombres de la ciudad] el mayor dolor, dos de los hijos de Jacob, Simeón y Leví, hermanos de Dina, tomaron cada uno su espada, y vinieron contra la ciudad, que estaba desprevenida, y mataron a todo varón». No es sorprendente que estos dos hermanos le tendieran una trampa a la ciudad para llevar a cabo el asesinato a través del engaño. Le pidieron a todo hombre de la ciudad que fuera circuncidado para luego asolarlos brutalmente mientras se curaban y no podían defenderse.

Luego está Judá, el hermano de José, que tuvo relaciones

sexuales con su nuera. Las vacaciones en la casa de José tendrían que haber sido un desastre, sin dudas. Esta familia era un caos. Si usted o yo estuviéramos buscando un hogar para elegir al futuro salvador de una nación entera —e incluso en gran medida del mundo conocido— del exterminio por la hambruna, es dudoso que hubiéramos escogido el de Jacob y sus doce hijos. ¿Cómo puede salir algo bueno de tal desastre?

Súmele a las emociones ya volátiles la dinámica del favoritismo, y tendrá un poción digna de un brebaje de brujas. No obstante, en Génesis 37:3 encontramos exactamente eso: «Y amaba Israel a José más que a todos sus hijos, porque lo había tenido en su vejez; y le hizo una túnica de diversos colores». Este es el verso donde nos presentan a la famosa «túnica de diversos colores» que Jacob le dio a José, la cual provocó una furia de celos en la familia.

José fue el favorito cuando nació como el hijo decimoprimero debido a que su madre, Raquel, era la esposa que Jacob en realidad amaba. Él había trabajado siete años por ella cuando fue engañado y tuvo que casarse en su lugar con su hermana, Lea. Así que tuvo que trabajar luego otros siete años por Raquel. Ella dio a luz a dos hijos, José y Benjamín, antes de morir. Murió al dar a luz a Benjamín, de modo que cuando José era un adolescente, Jacob lo favoreció por encima de todos los demás.

Nadie más recibió un regalo especial de su padre que sepamos. José fue el único que recibió esta única vestimenta multicolor. La túnica era un símbolo de estatus en sí misma. En 2 Samuel 13:18 leemos acerca de la túnica real que las hijas del rey usaban a fin de indicar su realeza. Hoy podemos compararla con la bata que uno viste cuando se está graduando de la universidad. Si bien no es una comparación exacta, le puede dar una idea del simbolismo de la túnica. No se trataba solo de una pieza de ropa nueva; significaba algo. Enviaba el mensaje fuerte y claro para el resto de la familia de que José era el más amado. Él fue el elegido de su padre para ocupar la posición privilegiada que le pertenecía al hijo mayor.

Como se imaginará, tal cosa irritó a su familia, por decir lo menos. Leemos: «Y viendo sus hermanos que su padre lo amaba más que a todos sus hermanos, le aborrecían, y no podían hablarle pacíficamente» (Génesis 37:4). Los hermanos de José lo odiaban tanto que ni siquiera eran capaces de hablarle con amabilidad. Estos hermanos comprendieron que la túnica significaba mucho más que un favoritismo. Quería indicar a quién su padre estaba eligiendo darle la doble porción de su bendición. Comunicaba herencia, legado y una posición exaltada, razón por la cual fue designado como supervisor e inspector del trabajo de sus hermanos. En resumen, la misma estableció un escenario perfecto para el desastre familiar.

Agréguele a este escenario los rayos y truenos de un sueño, y tendrá una receta para el asesinato. Poco después de recibir la túnica, José tuvo un sueño en el que vio a sus hermanos inclinándose ante él como manojos de grano. A la tierna edad de diecisiete años, José no tenía la sabiduría requerida a fin de mantener ese tipo de sueño para sí mismo. Así que cuando les contó a sus hermanos acerca de lo que vio, se burlaron de él y le dijeron: «¿Reinarás tú sobre nosotros, o señorearás sobre nosotros? Y le aborrecieron aun más a causa de sus sueños y sus palabras» (v. 8).

Ellos ya lo odiaban solo por la túnica de diversos colores. Póngale el sueño encima y lo «aborrecieron aún más». Sin embargo, en eso no acaba todo, en el versículo 9 descubrimos que José tiene otro sueño.

Esta vez, el sol, la luna y once estrellas se inclinaron ante él. Cuando le contó a su padre sobre este sueño, lo reprendió por pensar que un día ellos se inclinarían ante él. Los sueños de José incluso llegaron a ofender a quien más lo amaba. Usted podrá imaginar lo que estos sueños provocaron en sus hermanos.

Sus hermanos no querían saber nada de él. Debido a los sueños que Dios le había dado a José, la gente a su alrededor estaba ahora tan celosa que no podía soportar siquiera acercársele. Más tarde se probaría que los sueños de José eran verdaderos, pero en el momento en que los recibió las personas allegadas a él no estaban listas para escucharlos.

A veces esto puede sucedernos a nosotros, ¿cierto? Dios tal vez ponga un sueño o una visión en nuestro corazón que puede parecer demasiado grande para aquellos a nuestro alrededor. Si usted los comparte con otros, puede tener opositores que traten de convencerlo de que no los crea. No todas las visiones que Dios le da están supuestas a ser conocidas por quienes lo rodean. Es posible que sus corazones no estén listos para ver y creer su sueño, porque Dios aún no ha desarrollado su comprensión. La sabiduría es la habilidad de saber cuándo y qué compartir. Solo porque el Señor establece algo en su corazón eso no significa que deba decírselo a todos.

Antes de llegar a su decimoctavo cumpleaños, José había cometido tres errores cruciales. Leemos sobre el primero al principio del capítulo, cuando se nos informa que «[José] le contaba a su padre acerca de las fechorías que hacían sus hermanos» (Génesis 37:2, NTV). José delató a sus hermanos. El segundo error fue compartir sus sueños con su familia en cuanto a que los gobernaría. El tercer error consistió en lucir su túnica especial, la mayoría de las veces probablemente de una manera que no resultaba muy humilde. Él era un adolescente. Más que eso, era un adolescente que formaba parte de una familia disfuncional. Lo más probable es que fuera un adolescente inmaduro en el mejor de los casos. José no sabía cómo aceptar el favor de alguien correctamente, o con quién y cuándo compartir información. Aparentemente él todavía tenía algunas cosas que necesitaba corregir en su carácter.

Y así da pie al desvío número uno.

El primer desvío

Como mencioné en el último capítulo, el propósito de los desvíos es desarrollarlo a fin de alcanzar el destino que Dios tiene para usted. Cuando Dios está listo para moverlo al próximo nivel espiritual (hacia su destino), las cosas pueden empeorar antes de que mejoren. Es posible que a usted no le guste esa declaración, pero eso no la hace menos cierta.

El desarrollo envuelve a menudo el proceso doloroso de despojarnos de nuestras ambiciones e independencia para que podamos vivir una vida de rendición y obediencia a Dios. Dios crea los desvíos con el fin de llevar a cabo algunas reparaciones en los caminos de nuestra alma. Él tiene que eliminar todas las cosas que no son adecuadas para el lugar a donde nos está llevando. Tiene que fortalecer todo

Cuando Dios está listo para moverlo al próximo nivel espiritual (hacia su destino), las cosas pueden empeorar antes de que mejoren.

aquello que aún no está listo para nuestro destino. Y en dependencia de cómo respondamos a nuestros desvíos, va a ser necesario que enfrentemos obstáculos varias veces antes de que lleguemos al lugar al que estamos supuestos a ir.

El desarrollo es siempre parte del proceso del destino. Dios quiere asegurarse de que esté listo para su destino antes de que lo lleve allí. No habría nada peor que el hecho de que Él lo transporte a su destino, y usted lo estropee todo porque no es capaz emocional, espiritual o incluso físicamente de manejarlo bien. El tiempo es un ingrediente clave en la receta de Dios para su vida.

Sé que muchos de nosotros tenemos sueños de vidas brillantes y futuros magníficos; al igual que en las películas, nos encanta tener carreras que nos satisfagan al mismo tiempo que nos permitan costear nuestros mayores deseos, así como familias que reflejen nuestras más grandes esperanzas. Sin embargo, Dios dice: «No puedo colocarte donde debes estar hasta que no te haga una persona íntegra primero». Él no puede concedernos nuestro destino si no le permitimos moldear nuestro carácter; Dios debe lidiar con nuestros pecados, nuestros defectos, nuestros miedos, dudas e inmadurez. Hasta que Dios sea libre para producir y promover la rectitud dentro de nosotros, Él no será libre para llevarnos a nuestro destino previsto. Primero tenemos que tomar un desvío, y luego un segundo, un tercero, y así sucesivamente hasta que hayamos sido desarrollados lo suficiente como para manejar lo que nos tiene reservado.

Muy pocos cristianos entienden eso.

Si pudiéramos captar esta verdad, veríamos las pruebas de una forma diferente. Si pudiéramos ver el propósito a través del dolor, lo soportaríamos con mucha más dignidad. No obstante, debido a que no somos capaces de hacerlo, a menudo terminamos como

José: recibiendo lecciones de pérdidas, lujuria y mentiras. Una y otra y otra vez, hasta el cansancio.

La primera lección de José lo llevó a un pozo. Un pozo literal. Mientras se encontraba pastoreando las ovejas con sus hermanos, estos idearon un plan para matarlo. Ellos vieron al soñador a la distancia y decidieron destruir su sueño de una vez por todas. Así que lo arrojaron a un pozo y decidieron inventar la historia de que una bestia salvaje lo había devorado (v. 20).

Rubén, el hermano mayor de José, habló y persuadió a los demás de no matar a José, sino en cambio despojarlo de su túnica de colores y venderlo. Ellos le arrancaron a José lo que él más valoraba: su importancia y una señal de favor y realeza. Esto es también lo que nos sucede a nosotros en ocasiones, ¿alguna vez ha notado que lo que usted más teme perder es a menudo lo que pierde? Todos poseemos diferentes personalidades y le tememos a cosas diferentes, pero Dios sabe que hasta que seamos capaces de renunciar a lo que más valoramos, siempre colocaremos nuestros deseos y nuestra voluntad por encima de los suyos. Es por eso que le pidió a Abraham que sacrificara lo más precioso para él —su hijo— en la historia de Abraham, Isaac y el carnero.

Es posible que usted haya experimentado esto en el trabajo. Si entregó su tiempo, pasión y dedicación solo para ser pasado por alto en el momento de la promoción, o incluso lo despidieron prematuramente, ya sabe lo que es perder algo de valor. O tal vez ha experimentado esto en el hogar. Sirvió y amó a su familia por décadas, solo para que su cónyuge se fuera y usted y sus hijos quedaran marcados por la ruptura. Demasiadas veces confiamos en nosotros mismos hasta que nos despojamos de nuestra propia autosuficiencia. Dios a menudo nos deja tocar fondo para que descubramos que Él es la roca que sirve de cimiento.

José valoraba su posición de favor y realeza en la familia. De modo que el Señor permitió que sus hermanos lo destronaran al arrancarle su túnica y lanzarlo a un pozo.

José había tocado fondo *literalmente*.

Un pozo es un hoyo del que usted no puede salir solo. Es una situación que no puede arreglar. Es un hijo descarriado o rebelde al que no puede controlar o convencer de volver a casa.

Es un jefe del que no puede escapar.

O un familiar que lo está llevando a la depresión.

Es un compañero que se muestra irresponsable.

Un pozo significa muchas cosas, pero principalmente se trata de una situación en la cual usted se encuentra atrapado. Es por eso que cuando Dios lo lleva a un desvío, a menudo puede terminar en una barricada primero. Permaneciendo solo sentado allí, estancado.

José no cavó el hoyo. Él no hizo el pozo. Pero estaba dentro de este.

Sin agua.

Sin comida.

Sin energía.

Sin esperanza.

Quizás el soñador incluso pensó que sus sueños ahora estaban destrozados. Escuchó a sus hermanos susurrando sobre si deberían o no matarlo. Él estaba a su merced en ese momento. Había perdido todo el control.

A veces Dios permite que las cosas estén fuera de control para que así aprendamos que nunca tuvimos el control en primer lugar. Los desvíos son intervenciones divinas —por lo general incluso decepciones divinas— en las que Dios intencionalmente aborda nuestro carácter y nos madura espiritualmente.

Mientras mayor es el destino, más profundo es el desvío, el pozo.

Finalmente, algunos mercaderes ismaelitas se acercaron por el camino, y los hermanos de José optaron por sacar provecho de él en lugar de matarlo. Así que mataron en cambio a un animal y mancharon la ropa de José con la sangre del mismo para mentirle a su padre diciéndole que había muerto.

Luego cobraron algunas piezas de plata por vender a su hermano como esclavo. En un momento, José vivía en grande; al minuto siguiente, se vio encadenado a una caravana marchando lentamente a través de un desierto. Un desierto por lo general no es un lugar donde alguien busca su destino. No obstante, un desierto es a menudo un lugar al que Dios nos traerá a cada uno de nosotros a fin de que nos desarrollemos por nuestro propio bien.

Despojado de su túnica. Alejado de su casa. Privado de su sueño. José se dirigió a Egipto sin duda temeroso y definitivamente solo. No es un buen escenario para un futuro príncipe y gobernante.

Pero justo así obra Dios. Él nos ama lo suficiente como para moldearnos hasta convertirnos en la persona que ha diseñado que seamos.

No me puedo imaginar el dolor que Dios soporta al presenciar el nuestro, especialmente cuando no podemos entender lo que está haciendo. Cuando lo culpamos. Le gritamos. Lo ignoramos. Nos enojamos con Él. Y todo lo que Dios sabe que está permitiendo es para nuestro bien, su gloria, y el beneficio de aquellos a quienes amamos. No obstante, Él recibe nuestros golpes y acepta nuestros estallidos porque sabe que algún día reconoceremos su mano bondadosa y su dirección y le agradeceremos.

Amigo, es posible que se encuentre en un mal lugar en este

momento. Usted puede estar en un pozo sin agua, comida o compañía. Puede sentir que se halla solo en medio de un perfecto caos diseñado para derrotarlo. Sin embargo, deseo hablarle en medio de su pozo. Quiero pedirle que se ponga a la disposición de Dios de cualquier forma o modo que Él elija…incluso si eso significa ser esclavo de los mercaderes ismaelitas. Porque si lo hace, un día descubrirá su divina providencia al usar el dolor para fortalecer su espíritu y liberarlo a fin de llevarlo desde aquí a ese lugar perfecto que le está esperando.

Dios tiene un plan para usted. Trate de no luchar contra los desvíos que son diseñados para llevarlo a su culminación. Alábelo en medio del dolor, incluso si es solo una palabra débil la que brota de sus labios resecos. Él sabe lo que está haciendo. Él tiene grandes cosas por delante para usted.

CAPÍTULO TRES

El patrón de los desvíos

 No hace mucho tiempo me topé con los restos de un accidente de tránsito en el camino que va de nuestra oficina nacional a nuestra iglesia local. Parecía que el accidente había sucedido solo minutos antes de que llegara. Un automóvil se encontraba volcado por completo en el medio de un carril, y otro había patinado a un lado. Una ambulancia había arribado al lugar, y los coches de la policía, con las luces encendidas, rodeaban la zona del desastre.

Tanto yo como los otros autos apenas nos movíamos. Nos detuvimos y luego avanzamos a paso de tortuga a lo sumo. Más bien nos deslizábamos en lugar de conducir. Cuando un oficial de policía levantaba su mano y la movía indicando que adelantáramos, parecía que nos permitía movernos solo unos centímetros

41

en cada ocasión. Me quedé sentado allí por lo que pareció una eternidad, logrando solo rebasar el accidente con la fila de autos después de un largo tiempo.

Había dejado antes a alguien más en la oficina que también había planeado ir a una reunión. Él estaba ocupado en el momento y explicó que llegaría un poco tarde. Sin embargo, cuando finalmente llegué a la iglesia, justo esta persona entraba en el estacionamiento delante de mí. Le pregunté cómo había llegado allí tan pronto. ¿No se había topado él con el mismo accidente que yo?

En realidad, sí lo hizo. Sin embargo, al ver los autos detenidos más adelante, tomó su propio desvío, y como resultado llegó a la iglesia primero que yo.

Había salido más tarde y llegó antes, todo porque eligió un desvío.

A veces tenemos la sabiduría para elegir nuestros propios desvíos, pero la mayor parte del tiempo estamos tan atrapados solo tratando de llegar —o de seguir adelante— que no reconocemos cómo un desvío puede en realidad llevarnos más lejos más rápido. Dios conoce la sabiduría de los desvíos, y entonces Él los usa con frecuencia para nuestro beneficio, forzándonos a recorrer un camino que en última instancia es más sabio, aunque en ese momento puede que no nos parezca de esa manera.

Dios rara vez nos lleva directamente de donde estamos a donde Él quiere que vayamos. La mayoría de las veces interrumpe el flujo normal y nos dirige por un camino alterno plagado de curvas inesperadas, hendiduras y desafíos. Y con mayor frecuencia hace esto sin nuestro consentimiento.

Eso es lo que le sucedió a José, el adolescente de diecisiete años que encontró su vida vuelta al revés debido a circunstancias adversas y repentinas. En el capítulo anterior lo dejamos en un pozo. Él está en un hoyo del que no puede salir, una situación que no puede resolver mientras enfrenta un problema que no es capaz de arreglar. En realidad, este pozo ni siquiera tiene agua. No solo no puede salir, sino que no tiene los nutrientes que le permitirán seguir adelante mientras está dentro. Él se encuentra en lo que podríamos llamar una situación desesperada, creada por una combinación tóxica de su propia familia y su propia inmadurez. Aquí tenemos a un niño de la realeza a punto de ser arrancado de un lío real para convertirse en un esclavo, quien por último fue el segundo al mando de un gobernante real.

Ese es un desvío de proporciones épicas.

Sin embargo, la mayoría de los desvíos tienen giros y vueltas. Usted tiene que subir y luego bajar, después de lo cual se dirige hacia allá para finalmente llegar a la carretera principal de nuevo. Los desvíos lo apartan del camino. Si no lo hacen, no son un desvío.

Algo que siempre puede esperar en un desvío es lo inesperado.

Sin embargo, existen algunas cosas, a las que llamo *patrones*, que casi siempre puede contar con que aparecerán también. Hay un par de escenarios predecibles en los desvíos. El primero de ellos es que los desvíos con frecuencia incluyen una prueba.

Desvíos y pruebas

Permítame comenzar por definir lo que quiero decir con prueba. Una prueba o adversidad en el contexto bíblico se puede definir como:

Una circunstancia desfavorable creada o permitida por Dios
con el fin de revelarnos el camino del desarrollo en prepara-
ción para su propósito.

En 2 Crónicas 32:31 se nos explica que una razón por la cual
Dios usará una prueba en nuestras vidas es para revelar primero
lo que está en nuestros corazones. Leemos: «Mas en lo referente
a los mensajeros de los príncipes de Babilonia, que enviaron a él
para saber del prodigio que había acontecido en el país, Dios lo
dejó, para probarle, para hacer conocer todo lo que estaba en su
corazón». Las pruebas llaman a su fe al estrado de los testigos a
fin de dar testimonio de la condición de su salud espiritual.

Dios ya sabe lo que está en nuestro corazón. Pero a menudo
usted y yo no lo sabemos. Podemos jactarnos de que somos muy buenos,
decir muchos dichos espirituales, e incluso creernos nuestras propias
mentiras sobre nosotros mismos a veces. No obstante, la verdad es la
verdad, y una prueba siempre la sacará a relucir. Dios sabe que nuestros corazones son engañosos y perversos (Jeremías 17:9).
Nuestros corazones nos engañan, nos prueban y tientan a confiar en nosotros mismos demasiado, o incluso a pensar muy bien
con respecto a quiénes somos. En una prueba, Dios quiere que
realmente consideremos lo que yace en lo profundo de usted y de
mí. Él quiere que conozcamos tanto nuestro potencial como
nuestras limitaciones. Solo cuando conocemos la verdad podemos abordarla, aprender de ella y crecer.

Todos los años voy al médico para un examen físico anual.

> *Las pruebas llaman a su fe al estrado de los testigos a fin de dar testimonio de la condición de su salud espiritual.*

Una parte de la visita incluye lo que se llama una prueba de estrés. Es cuando el doctor me hace subir a una cinta de correr después de que una enfermera ha conectado todos esos cables y dispositivos en mi pecho, y me pide que camine. Mientras lo hago, él aumenta la velocidad y la inclinación. Esto es porque quiere analizar la condición de mi corazón bajo varias situaciones estresantes.

Puedo decirle a mi médico todo el día que me siento bien y que mi corazón no tiene problemas. Pero él no va a creer en mi palabra. Incluso si creo que estoy diciendo la verdad. El doctor solo sabe si mi corazón está saludable al observar cómo este responde a una prueba. Mientras resoplo, sudo y me quejo en esa cinta, el doctor puede darle un buen vistazo a la condición de mi corazón. Él no da por cierto lo que le digo en cuanto a esto. Solo mira el papel y deja que los datos revelen la verdad.

Usted y yo podemos leer nuestras Biblias, ir a la iglesia, participar en conversaciones edificantes, y todo el tiempo sentir que nuestros corazones espirituales están bien. Podemos ondear nuestras manos en el aire. Cantar alabanzas como si todo fuera maravilloso. E incluso podemos creerlo nosotros mismos. Pero Dios conoce el verdadero estado de nuestro corazón, y a menudo permitirá que una prueba revele un diagnóstico preciso. Sin embargo, esto no necesariamente es para su beneficio, sino el nuestro. Él quiere que sepamos la verdad sobre nosotros mismos —lo bueno, lo malo y lo feo— porque el crecimiento solo puede ocurrir en un espíritu de honestidad.

Dios a menudo permitirá circunstancias adversas, incluso circunstancias dolorosas, en nuestra vida como una prueba para revelar, fortalecer y desarrollar nuestros corazones con el fin de que alcancen su destino. Cuando esté atravesando una prueba, nunca confunda la mano de Dios con la mano del hombre.

Por supuesto, mientras José caminaba atado a los camellos a través del desierto estéril bajo el implacable sol, podría haber culpado a sus hermanos o incluso a Dios. Y realmente no sabemos lo que sintió en ese momento. Esto no quedó registrado para nosotros. Así que tal vez lo hizo. No obstante, a medida que José maduró con el tiempo a lo largo de su desvío, finalmente vio la mano de Dios guiándolo y dirigiéndolo todo. Él no dijo que los mercaderes de esclavos ismaelitas lo llevaron a Egipto años después cuando reflexionó sobre dónde se encontraba. José afirmó que Dios lo había llevado a ese lugar.

Porque Dios realmente lo llevó a ese lugar.

A veces los desvíos nos desarrollan. Pero a veces nos redirigen a un sitio completamente nuevo, al que ni siquiera hubiéramos pensado ir. Sería bueno si Dios simplemente nos hablara como lo hizo con Abraham y nos pidiera que fuéramos a una tierra desconocida, y que nosotros tuviéramos el corazón de Abraham y lo hiciéramos. No obstante, con demasiada frecuencia no lo escuchamos, o si lo hacemos, fallamos en seguir sus instrucciones, porque simplemente no tienen sentido. Así que Dios nos ata detrás de algunos camellos y nos lleva allí de todos modos. Él es así de inteligente.

Si usted solo ve los camellos, si solo ve las cuerdas, si solo siente el calor del sol o el hambre y el vacío noche tras noche, y no percibe lo que Dios está haciendo, no entenderá el propósito divino del desvío. Dios permite que las personas nos muevan, nos moldeen y nos lleven a nuestro próximo paso en el camino que Él quiere que recorramos. Así que nunca piense que solo porque usted ve a las personas, no es Dios quien dirige tras bastidores.

Dios a menudo usará a las personas —incluso a las de su familia (aun a los familiares complicados)— para llevarlo a su destino a través de un desvío.

José tenía muchas razones para creer que Dios lo había abandonado. Esos sentimientos no están mal. Usted no debería sentirse culpable por responder a un pozo con una interrogación. Incluso los profetas fueron lo suficiente valientes como para cuestionar a Dios. El profeta Jeremías culpó a Dios con dureza cuando escribió: «Oh Señor, me engañaste, y yo me dejé engañar. Eres más fuerte que yo, y me dominaste. Ahora soy objeto de burla todos los días; todos se ríen de mí» (Jeremías 20:7, NTV). Hasta el propio Cristo preguntó por qué Dios lo había abandonado en la cruz.

En sus desvíos, recuerde que Dios es divino, pero usted no. Las emociones experimentarán altibajos, la duda es una respuesta natural a las pruebas de la vida, y Dios es un gran Dios, Él puede aceptar nuestras palabras. Sin embargo, también recuerde al enfrentar estos sentimientos en la oscuridad del pozo más profundo que Dios usa las pruebas y adversidades, incluso los desvíos, para nuestro bien supremo. Pídale en esos momentos que lo ayude en su incredulidad y que le permita tener confianza. Pídale que abra sus ojos para ver espiritualmente más allá de lo físico. Pídale que le muestre lo que está tratando de mejorar. Como una plancha caliente sobre una camisa arrugada, el calor produce algo bueno.

José tenía algunas arrugas.

Se jactó de sí mismo.

Delató a sus hermanos.

Fue inmaduro.

No obstante, el calor del sol abrasador en la larga caminata desde su casa hasta Egipto sin duda comenzó el proceso de suavizar su orgullo con la gracia de la humildad y transformar su presunción en una confianza en Dios. Dios colocará el hierro caliente de su gracia moldeadora sobre las arrugas de nuestras almas cuando sea necesario. Él hace esto porque hemos sido creados a su imagen y desea que lo reflejemos bien. Él permitirá que el fuego de las pruebas lleve ánimo a nuestros corazones.

Dios no está siendo malo, aunque usted puede sentir que es así. Estoy seguro de que José podría haber sentido que era cruel. Sin embargo, Dios solo quiere eliminar las arrugas para que Él se vea bien cuando se identifique con usted o conmigo públicamente en su nombre.

Se cuenta una historia real sobre una tortuga boba o caguama. Una caguama es una tortuga enorme, una de esas descomunales que podrías ver en un zoológico. En esta historia, la tortuga hembra se estaba preparando para dar a luz, así que trepó a la duna de arena para poner sus huevos.

No obstante, después de que lo hiciera, se desorientó y por alguna razón no regresaba al agua. Eso hubiera sido lo natural que debía hacer. Pero en cambio, comenzó a alejarse aún más sobre la arena.

Al ver esto, algunos de los guardacostas vinieron y le colocaron grilletes a la caguama, porque era demasiado grande para que pudieran levantarla. Ellos ataron sus patas y la voltearon sobre su espalda. Luego unieron una cadena a los grilletes y comenzaron a arrastrarla boca arriba con un cuatriciclo de vuelta al agua.

Ahora bien, la vida de esta tortuga resultó sacudida, maltratada, y sin duda experimentó cierta incomodidad a pesar de los mejores intentos de los guardacostas para ser amables con ella. Sin embargo, con el fin de que su vida fuera salvada y su destino preservado, esa era la única opción viable. Si los guardacostas se ponían de pie y le gritaban a la tortuga que se volteara, ella no hubiera entendido. No les era posible atraerla hacia el agua con movimientos de manos convincentes. De modo que hicieron lo que tenían que hacer para llevarla a donde necesitaba ir.

Sí, el Espíritu de Dios sí nos habla, y Él puede guiarnos con su palabra. Pero la mayoría de las veces, nosotros, como clamaba el salmista, necesitamos ser conducidos como la tortuga: halados, empujados, espoleados. Leemos: «No seáis como el caballo, o como el mulo, sin entendimiento, que han de ser sujetados con cabestro y con freno, porque si no, no se acercan a ti» (Salmo 32:9).

Dios se preocupa demasiado por nosotros para dejarnos seguir por el camino equivocado o en la dirección incorrecta. Y Él nos llevará a una ruta inesperada —un desvío— en nuestro camino para hacernos dar la vuelta. A veces eso puede significar que nos pongan sobre nuestras espaldas o nos coloquen grilletes en los pies. A veces eso puede significar estar desorientados incluso dentro de nuestra propia desorientación. A veces eso puede significar ser arrastrados hasta que finalmente nos sentimos en la familiaridad de nuestro hogar. Una vez que la tortuga sintió el agua, pudo ser desatada y enderezada de nuevo. Una vez que se dio cuenta de dónde estaba, la liberaron.

Sin embargo, para poder llegar a su destino, tuvo que ser volteada, atada y arrastrada…al igual que José cuando fue sacado del pozo y llevado atado por los camellos. Dios se encarga de nuestras situaciones en los desvíos, y en ocasiones eso requiere un tirón, volteretas, ajustes y empujones. Podemos gritar en nuestros corazones: «¿Qué me estás haciendo, Dios? ¿A dónde me llevas? ¿Por qué no lo puedo entender?».

Dios responde, a menudo demasiado silenciosamente para que lo escuchemos por encima de nuestros propios gritos: «Te llevo exactamente a donde necesitas estar. Confía en mí».

Amigo, no sé en qué pozo se encuentra, o por cuál camino anda. No sé quién hizo que llegara allí o cuánto tiempo ha estado en ese lugar. No obstante, sí conozco una promesa de Alguien que nunca miente. Dios hará que todo esto resulte para su bien cuando alinee su corazón con su propósito y su llamado (Romanos 8:28).

Confíe en Él.

Dios tiene un destino aguardando más adelante por usted.

Y cuando llegue allí, sabrá que está en casa.

CAPÍTULO CUATRO

La purificación de los desvíos

 Dios ha establecido patrones que aparecen en la vida de las personas cuando se trata de los desvíos. Estos patrones a menudo existen porque se persigue un objetivo. Los desvíos con frecuencia proporcionan el terreno para el desarrollo. No habría nada peor que llegar a nuestro destino sin estar preparados para llevarlo a cabo. Es como en el caso de las personas que se ganan la lotería solo para perder sus millones en unos pocos años debido a que no estaban preparadas para las responsabilidades que vienen con tanto dinero.

Otro aspecto que quiero que consideremos con respecto a los

patrones de los desvíos es el *adiestramiento*. En la Escritura se nos dice que aprendamos al ser probados, así que esencialmente las pruebas, adversidades y desvíos son lugares donde estamos siendo instruidos. Como un atleta que se prepara para una competición en el gimnasio, que es el lugar donde la fuerza muscular y los reflejos se agudizan. De lo contrario, el atleta llega a la competición y no puede desempeñarse al nivel requerido para ganar.

En primer lugar, hay una frase que se presenta de forma reiterada con respecto a la vida de José. Esa frase es: «El Señor estaba con José» (NTV).

Una y otra vez vemos estas palabras. Ya fuera que José se encontrara en el pozo, la prisión o el palacio...el Señor estaba con él. Y no solo eso, sino que también vemos la mano del favor de Dios con él, causando que todo lo que tocara prosperara y haciendo que la gente pusiera las cosas bajo su autoridad.

Algo que debemos aprender del hecho de que Dios estuviera con José es que *José también estaba con Dios*. En otras palabras, José no permitió que las circunstancias pusieran en peligro su relación espiritual. Sí, es fácil enojarse con Dios cuando enfrenta una prueba o un problema en su vida. Sin embargo, estos son los momentos en los que usted debe perseguir a Dios como nunca antes lo ha hecho. Estos son los momentos en que debe acercarse a Él.

Cuando usted llena una esponja de agua y luego ejerce presión sobre ella, el agua fluirá, porque la esponja está saturada del líquido. Cuando atraviesa una prueba y siente la presión de la vida a su alrededor hundiéndolo, ¿cuánto de Dios fluye?

¿O en cambio usted maldice, se molesta, se queja y culpa?

¿Por qué salen a relucir esas cosas? Porque es de eso que usted está lleno.

Una esponja solo deja salir lo que contiene. Dios pudo mostrarle a José su favor porque Él estaba *en* José durante sus pruebas. Es importante saber esto, porque Dios hará lo mismo con y para usted si se lo permite. No obstante, muy poca gente actúa así. La mayoría de las personas se llenan a sí mismas con entretenimiento, alcohol, chismes, distracciones, amargura y cosas de esa naturaleza cuando la vida no es justa. Sin embargo, para poder lograr que su desvío lo lleve a su destino, tiene que acercarse a Dios. Dios estará cerca de —y *en*— usted.

José había cultivado una relación espiritual a lo largo del camino de sus desvíos, mientras Dios se convertía en su prioridad. La clave para tener éxito durante su temporada de pruebas no se encuentra en sus contactos, notoriedad, nombre o cuenta bancaria. La clave se encuentra en su intimidad con el Señor. El Señor estaba con José, y esto causó que todo lo que él hizo, sin importar dónde estuviera, prosperara. Debe haber una relación espiritual que lo impulse, particularmente cuando la vida se le ha ido.

Uno de los propósitos de un desvío es desarrollar la capacidad, las habilidades y el carácter necesarios para llevar a cabo su destino. Mientras José era un esclavo en la casa de Potifar, el Señor lo prosperó tanto que se convirtió en el segundo al mando en el hogar de su amo. Poco sabía entonces que un día se convertiría en el segundo al mando de toda la nación de Egipto. Pero Dios estaba preparando a José con las habilidades necesarias para seguir y liderar al mismo tiempo. José todavía no tenía los detalles de su destino, pero su obediencia como un esclavo le ofreció la oportunidad de aprender habilidades que utilizaría más adelante como un gobernante.

José adquirió experiencia en liderazgo, administración, resolución de problemas y mucho más. Uno de los problemas que enfrentamos hoy en nuestra cultura es que las personas quieren lo que quieren justo ahora. Sin embargo, si usted no puede manejar la posición que ocupa ahora, ¿cómo manejará más responsabilidades en el futuro? La Escritura nos pregunta en Jeremías 12:5: «Si corriste con los de a pie, y te cansaron, ¿cómo contenderás con los caballos? Y si en la tierra de paz no estabas seguro, ¿cómo harás en la espesura del Jordán?».

Siempre hago enojar a los jóvenes pastores que me preguntan cómo pueden llegar a donde estoy ahora en el ministerio. A veces se acaban de graduar del seminario o el colegio bíblico, y programan una reunión conmigo para ver si puedo darles algunos consejos que les permitan llegar a liderar una megaiglesia con el tamaño o el impacto de la nuestra. Suelo recostarme hacia atrás en mi silla, sonreír y luego decir algo similar a: «Vaya a predicar en una prisión».

Sin excepción, una expresión aparece en sus rostros que parece decir: «Me está tomando el pelo, ¿cierto?». No obstante, esa es la verdad. Es el mejor consejo que puedo darles. No comencé con una iglesia de diez mil miembros o con mis mensajes transmitiéndose en doscientos países y todo Estados Unidos. Empecé encima de la cama de una camioneta sin micrófono, simplemente gritando tan fuerte como pudiera a cualquiera que estuviera por los alrededores. Empecé en una esquina donde los autobuses venían a recoger pasajeros, predicando el Evangelio de Jesucristo (el único sermón que conocía en ese momento). Empecé en las capillas de la prisión. Prediqué en habitaciones familiares. El equipo del personal que dirigía lo conformaban principalmente miembros de la familia y la congregación estaba integrada casi por estas mismas personas cuando comencé.

El adiestramiento para cosas más grandes siempre tiene lugar en las cosas menores. Sea fiel, responsable y siéntase contento donde está ahora. Este es uno de los principales secretos para que Dios lo lleve más lejos y le dé más.

Dios no le hará entrega de su destino hasta que esté listo para ma-

> *El adiestramiento para cosas más grandes siempre tiene lugar en las cosas menores.*

nejarlo bien. ¿Cómo podrá cuidar su destino allí si todavía no está cuidando el destino que Él tiene para usted aquí? Necesita obtener suficiente experiencia primero con «esto» en lo que se ocupa ahora antes de que Él le dé «eso» que usted está esperando.

Como pastor, estoy al tanto de un gran número de quejas. Una que escucho con frecuencia es lo difícil que resulta como cristiano trabajar bien en un ambiente no cristiano (secular). Quizás el jefe no es cristiano, o la atmósfera no es cristiana, pero como podemos ver a partir de la vida de José... Dios estaba con él donde se encontraba. José trabajó en un ambiente no cristiano. Potifar era un pagano, no un creyente. José trabajó para una empresa que no era cristiana. Sin embargo, Dios bendijo la casa del egipcio a causa de José.

Como creyente, usted debe ser el mejor empleado, el más puntual, el más productivo, porque el Señor está con usted. Su relación con Dios debe traer favor a aquellos a su alrededor debido a *su* integridad, honestidad y moralidad, no a las de ellos. Usted debería destacarse al igual que José lo hizo, esté donde esté. Permita que aquellos que se encuentran a su alrededor vean a Jesús en usted, no solo que lo escuchen hablar de su moral y sus creencias.

El mejor testimonio a menudo proviene del comportamiento, no de las palabras. En Génesis 39:3–4 leemos: «Potifar lo notó y se dio cuenta de que el SEÑOR estaba con José, y le daba éxito en todo lo que hacía. Eso agradó a Potifar, quien pronto nombró a José su asistente personal. Lo puso a cargo de toda su casa y de todas sus posesiones» (NTV).

La Biblia no dice que el amo escuchó a José presumir todo el día hablando de su Dios sin cumplir con sus tareas. José no se volvió descuidado, quejándose de que realmente no estaba de acuerdo con los valores establecidos por la empresa de todos modos. No, el amo vio que el Señor estaba con José y prosperaba todo lo que él hacía. En los negocios, eso es lo que cuenta. Aumente las ganancias y obtendrá la atención de los que están a cargo. Es difícil discutir con el resultado final. Es difícil no ser promovido cuando resulta evidente que Dios está con usted y tiene éxito en todo lo que hace. Esto también significa que José no guardó silencio con respecto a su fe. Le había dejado claro a Potifar que sus actitudes, acciones y ética de trabajo estaban vinculadas directamente a su relación con Dios.

Cuando yo era solo un adolescente, fui a trabajar como lavaplatos en una empresa que ofrecía servicios de comida. Mi tarea era lavar los platos. No resultaba tan difícil. Tenía que lavar los platos sucios que entraban en la cocina…y hacerlo a mano. El propietario de la empresa era un hombre judío con mentalidad empresarial, muy atareado y con múltiples ocupaciones. De vez en cuando, entraba al área donde yo trabajaba para verificar cómo iban las cosas. Yo siempre lo saludaba calurosamente y le preguntaba si quería que hiciera algo más, ya que nunca me atrasaba con mis tareas y siempre terminaba temprano.

Con el tiempo, se dio cuenta de mi trabajo y finalmente me preguntó si quería convertirme en su chofer personal, así como también en el chofer de sus hijos durante todas sus actividades del fin de semana. Él me promovió.

Mientras cuidaba bien a sus hijos durante los próximos años, desarrollamos una relación. Él vio potencial en mí y me llamó aparte un día para ofrecerse a pagar mi matrícula universitaria por el primer año. Quería invertir en mi desarrollo personal y pensaba que esta era la mejor manera de hacerlo.

No compartíamos la misma religión. Me fui lejos a una universidad cristiana. Sin embargo, Dios usó a este hombre para promoverme en mi vida a una posición en la que más tarde Él podría usarme para ministrarles a muchas personas de diferentes maneras.

Amigo, siempre, siempre, siempre sea fiel donde se encuentra. Sea diligente, incluso si solo está lavando platos. O simplemente conduciendo un automóvil lleno de niños a un evento deportivo. Usted nunca sabe lo que Dios va a hacer en la mente y el corazón de otra persona a fin de lograr que avance hacia su destino.

El trabajo de José en la casa de Potifar no era su destino final. Fue un trampolín hacia su destino final. Fue su lugar de preparación para la promoción. No obstante, debido a que se enfocó en este como si fuera su destino —trabajó duro, recibió favores, se las arregló bien— el Señor lo usó para cumplir su propósito. Con demasiada frecuencia estamos persiguiendo tanto nuestro destino que nos olvidamos de maximizar el lugar donde nos encontramos en este momento.

Dios no vive en el tiempo o el espacio. Para Él, el hoy está en el mismo huso horario que diez años atrás. También está en el mismo huso horario que diez años más delante. Para Dios, nuestro destino se desarrolla simultáneamente donde sea que estemos. Ya sea que nos encontremos en una etapa de preparación del destino, en una etapa de conexión y establecimiento de contactos del destino, o simplemente en una etapa de espera del destino, el propósito de Dios para nuestra vida es siempre un propósito actual. Es un destino *ahora mismo*.

Sin embargo, muchos creyentes pierden tanto el contentamiento como la gratitud por el lugar donde se encuentran ahora, ya que siempre están esperando algo más grande. Siempre están mirando hacia el futuro para alcanzar su destino, en lugar de darse cuenta, como hijos de Dios, de que su destino está en el ahora, simplemente desplegándose hasta su completa manifestación algún día. Honre a cada momento, cada trabajo, cada persona con el conocimiento de que ese destino vive en usted ahora, quizás en forma de semilla... pero con cada paso, cada día, cada momento, cada lección y cada interacción desempeñando un papel en el mapa de ruta de su vida.

Cuando usted maneja, no solo llega a su destino. Si fuera a mirar con desdén el camino que recorre —pensando solo en su destinación— es posible que nunca llegue allí. Si se niega a conducir por la carretera rural de solo dos carriles, nunca alcanzará su ubicación final. El destino es una mentalidad que le permite abrazar y maximizar el poder de donde se encuentra justo ahora, mientras se mantiene anticipando una mayor revelación de su propósito, influencia e impacto en el futuro.

Cuando usted aprende a enfocarse en su relación con Dios en cualquier situación en la que se encuentre, exige menos que la situación —ya sea que se trate de un trabajo, una relación, un pasatiempo, etc.— signifique todo para usted. José era solo un esclavo en una casa, pero Dios estaba con él y le concedió su favor. Tenga cuidado de no quejarse de dónde está, porque cuando honra a Dios y su relación con Él en ese punto, el Señor tiene una manera de concederle favores en situaciones que usted nunca imaginó.

Dios se preocupa más por el desarrollo del soñador que por el sueño actual mismo. Él se preocupa más por su crecimiento personal que por su destino final. Porque si usted no está desarrollándose o madurando, finalmente arruinará el sueño y el destino final cuando llegue allí. La mayoría de nosotros tenemos sueños. Sin embargo, Dios quiere asegurarse de que sus hombros poseen la fortaleza para soportar el peso de ese sueño una vez que llegue allí. Él no desea que usted colapse debajo de un montón de propósito. Los desvíos están diseñados para desarrollar lo que necesitamos. Están diseñados para fortalecer los músculos de la alegría, la gratitud, la fe, el amor, la humildad y la obediencia.

Tentación

Otro patrón en los desvíos con los que las personas se topan frecuentemente es el patrón de la tentación. José se enfrentó a una prueba. Se enfrentó al adiestramiento. No obstante, también se enfrentó a la tentación: *una invitación a hacer el mal y desobedecer a Dios.*

Tenga en cuenta que la tentación en sí no es pecado. Ser tentado no es lo mismo que pecar. Pecar es *cuando usted cede a la tentación.* Satanás usa la tentación para alejarnos de la voluntad de Dios. Él nos ofrece el pago inicial del placer, el dolor paralizador o la distracción con el fin de poder volver más tarde por el pago completo con interés.

El Señor envió a José a la casa de Potifar en un desvío. Él además sabía que la señora Potifar iba a estar allí también. En el pasaje nos dicen que José era como una superestrella de los días modernos en lo que respecta a su aspecto y su complexión. Era apuesto tanto en su figura como en su apariencia. Tenía los músculos abdominales bien marcados. Era una bestia de hombre, un bombón para las damas. Después de observarlo lo suficiente, la señora Potifar decidió que ella quería algo más que alguien a quien mirar. Entonces hizo se le insinuó a José, invitándolo a tener intimidad con ella.

No obstante, José se negó a tener relaciones con la señora Potifar debido a la honra y el respeto que sentía por su amo, el señor Potifar. También se negó debido a la honra y la obediencia a Dios. Leemos: «No hay otro mayor que yo en esta casa, y ninguna cosa me ha reservado sino a ti, por cuanto tú eres su mujer; ¿cómo, pues, haría yo este grande mal, y pecaría contra Dios?» (Génesis 39:9). José vio el pecado como un problema relacional. Se dio cuenta de que tenía un señor en la tierra y otro en el cielo, lo cual lo hizo correr a pesar de que esto significaba dejar objetos de valor atrás.

La señora Potifar no aceptó un no por respuesta. La Escritura nos dice que día tras día ella continuó coqueteándole, continuó haciéndole proposiciones, continuó presionándolo para que cediera a lo que ella quería. Finalmente, su rechazo la dejó molesta, irritada y humillada hasta el punto de que lo acusó de lo mismo que él no hizo. Lo acusó de violación. Dicen que el infierno no tiene furia igual a la de una mujer despreciada.

José no se rindió debido a su amor por Dios. Él valoró su

relación con el Señor más de lo que valoraba el placer momentáneo. No fue fácil, estoy seguro. Pero fue la decisión correcta. José demostró que se podía confiar en él bajo presión. Se trató de una decisión correcta que posteriormente lo llevó a otro pozo: esta vez una prisión.

¿Alguna vez ha tomado una decisión correcta solo para sentir más tarde que está siendo castigado por hacer exactamente eso? Poco sabía José que necesitaba estar en la prisión para terminar un día parado frente a Faraón en un momento de necesidad. Debe parecer confuso y contradictorio obedecer a Dios y que Dios aparentemente lo castigue a uno arrojándolo a la prisión. Sin embargo, eso es lo que hacen los desvíos: nos confunden a veces. En ocasiones nos hacen cuestionarnos y dudar. En ciertos momentos parecen irracionales e ilógicos.

Esto se debe a que no podemos ver a dónde nos lleva el desvío. Solo podemos ver el pozo y los problemas.

Los desvíos implican experiencias negativas que Dios crea o permite. Nunca confunda la mano de Dios con la mano del hombre o la mano de Satanás. Mientras que Satanás usa las tentaciones para arruinar nuestro destino, Dios usa esas mismas tentaciones para desviarnos de nuestro destino. Nuestra responsabilidad es no ceder. José podría haber fácilmente creído que la señora Potifar lo había enviado a la cárcel. Pero Dios simplemente la usó para colocarlo en el lugar al que Él necesitaba que fuera. Es por eso que el perdón es un aspecto tan crucial para alcanzar la plena manifestación de su destino. Porque si usted alberga amargura hacia aquellos que Dios utiliza para hacerlo avanzar más en la vida —a través de realidades negativas— no está viendo las cosas por completo. No estás viendo cómo

Dios los usó para impulsarlo hacia adelante a un lugar al que probablemente nunca habría ido por su cuenta.

Le puedo garantizar que José nunca hubiera decidido solicitar que lo trasladaran a la cárcel. Él nunca hubiera buscado al señor Potifar, agradecido por el trabajo, y pedido que lo enviara en cambio a la prisión.

No obstante, ahí es donde Dios necesitaba que se hallara con el fin de estar en posición para su destino mayor y el propósito del reino.

Muchas veces, las realidades negativas en nuestra vida tienen una forma de llevarnos a situaciones y lugares a los que nunca habríamos ido si no hubiéramos sido empujados hasta allí. Así que tenga cuidado si alberga amargura hacia aquellos que lo han lastimado. Considere cómo Dios puede estar usándolos con el objetivo de desarrollarlo, moverlo y posicionarlo para su promoción más grande al final. Dios lo ama lo suficiente como para desarrollarlo a fin de que ocupe el lugar a donde está llevándolo. Diga «no» a eso que rompe su corazón: la tentación.

Sin embargo, dese cuenta de que decir «no» posiblemente no le traiga recompensas de inmediato. Deberá ser paciente para que eso ocurra.

Deshágase de cualquier rencor que albergue hacia alguien que lo ofendió, lo acusó o lo envió a un lugar al que no quería ir. Y deje que Dios le muestre por qué sucedió y qué está ocurriendo debido a eso. Cuando lo haga, descubrirá la gracia purificadora de la aceptación y el poder de la paz para vivir su destino tanto ahora como en el futuro.

CAPÍTULO CINCO

La prueba de los desvíos

 Parte de mi rol como pastor involucra la tutoría y el asesoramiento. Con una iglesia bastante grande, podrá imaginar la cantidad de llamadas que recibo. Estoy agradecido por tener la oportunidad de guiar a los miembros a través de varias situaciones en la vida. Con honestidad, puedo decir que disfruto este aspecto de ser pastor inmensamente.

No hace mucho uno de los hombres de la iglesia vino a mi casa para reunirse conmigo. Había estado atravesando un tiempo difícil. Mientras permanecía sentado en la sala, con la cabeza baja, levantó sus ojos hasta encontrar los míos y dijo: «Pastor, siento como si mi desvío se hubiera encontrado con otro desvío, y ellos se casaron y tuvieron un bebé». En otras palabras, él sentía como si estuviera yendo de un desvío tras otro y tras otro, y que los desvíos simplemente seguían reproduciéndose y multiplicándose en lugar de llevarlo a un lugar significativo.

Es fácil sentirse así cuando Dios lo está conduciendo a su destino. Como mencioné antes, Dios rara vez lo mueve de donde se encuentra a donde Él quiere que esté sin llevarlo a un viaje primero. Él no va del punto A al B al C. Más bien va del A al Z al T al R al F y al D, haciéndolo zigzaguear hacia su destino. Antes de que usted pueda llegar a donde Dios quiere que esté, tiene que dar algunos giros y vueltas. Esto se debe a que en la vida, como suele ser en el camino, existen desvíos debido a que una construcción está teniendo lugar. Cuando usted va por una autopista y hay un desvío, generalmente es porque los trabajadores están tratando de arreglar, construir, corregir o mejorar algo.

Del mismo modo, Dios nos llevará a un desvío porque Él está construyendo algo en nuestra vida también. De acuerdo, los desvíos son cualquier cosa menos convenientes. Ellos lo sacan del camino. Lo hacen viajar más de lo que originalmente usted había planeado. Sin embargo, son necesarios. Dios está más interesado en su desarrollo que en su llegada. A Él le importa más su carácter que su comodidad, su pureza que su productividad.

En este capítulo y el siguiente quiero que veamos algunas cosas que puede usar para que lo ayuden a determinar y confirmar que realmente se encuentra en un desvío en lugar de simplemente estar experimentando un momento de mala suerte.

¿Cómo puede saber que este es un desvío ordenado por Dios en vez de un tiempo en que las cosas simplemente no están funcionando para usted?

¿Cómo puede discernir que no está bajo las circunstancias

de la vida normal y sus consecuencias, sino más bien en una situación a la que Dios mismo lo ha guiado?

Hay varias formas de saber esto. Quiero comenzar con la razón del sufrimiento que pueda estar experimentando. Siempre y cuando usted esté sufriendo por hacer el bien en lugar de hacer el mal —algo a lo que también le llamamos ser perseguidos por la justicia— puede saber que se encuentra en un desvío planeado por Dios.

Después de que José trabajara en la casa de su amo Potifar por algún tiempo, se ganó su confianza. Tanto que José estaba a cargo de casi todo en su hogar. No obstante, a pesar de realizar un trabajo tan excelente y confiable para Potifar, finalmente terminó en la cárcel.

La esposa de Potifar había notado que José era muy apuesto, así que se le insinuó día tras día (Génesis 39:6–10). Pero José fue lo suficiente sabio para esquivarla. Es decir, fue lo suficiente sabio desde la perspectiva de Dios.

Desde la perspectiva del hombre, esa decisión de rechazar la solicitud de la esposa de su amo lo colocó en una situación complicada y finalmente lo lanzó a otro pozo cuando ella, en su dolor por el rechazo, lo acusó de violación. Leemos: «Y sucedió que cuando oyó el amo de José las palabras que su mujer le hablaba, diciendo: Así me ha tratado tu siervo, se encendió su furor. Y tomó su amo a José, y lo puso en la cárcel, donde estaban los presos del rey, y estuvo allí en la cárcel» (Génesis 39:19–20).

Cuando usted se encuentra, como José, luchando o sufriendo por una decisión que tomó en obediencia a Dios, *es justo en medio de su lucha donde Dios quiere que esté.*

Si miramos más de cerca el relato bíblico de José y la esposa de Potifar, este claramente nos dice que José la rechazó por obediencia al Señor.

> [José] dijo a la mujer de su amo: He aquí que mi señor no se preocupa conmigo de lo que hay en casa, y ha puesto en mi mano todo lo que tiene. No hay otro mayor que yo en esta casa, y ninguna cosa me ha reservado sino a ti, por cuanto tú eres su mujer; ¿cómo, pues, haría yo este grande mal, y pecaría contra Dios? (Génesis 39:8–9)

José reconoció las bendiciones en su vida y sintió gratitud por lo lejos que Dios lo había llevado: de un pozo en el que había sido dejado para que muriera a una posición de gran autoridad y responsabilidad. Sabiendo que la causa de su prosperidad era Dios mismo, José tomó su decisión pensando solo en Él. «¿Cómo, pues, haría yo este grande mal, y pecaría contra Dios?», le dijo. El relato nunca nos lo informa, pero podría ser que la esposa de Potifar fuera una tentación para él. Tal vez ella era atractiva — los sirvientes estaban lejos, Potifar también se había ido— y José pudo haber sentido algo por ella. No lo sabemos.

Lo que sí sé es que un sacrificio no es un sacrificio a menos que nos cueste algo. Y una tentación no es una tentación a menos que resulte tentadora. José rechazó su oferta debido a su convicción ante Dios, no necesariamente por falta de interés. Es importante tener esto en cuenta a medida que usted avanza en la vida y toma decisiones. Como Dios hizo al probar a Abraham, pidiéndole que ofreciera a su hijo amado como sacrificio (Génesis 22), a menudo nos pedirá que hagamos un sacrificio que nos cueste algo, o venzamos una tentación, debido a nuestro amor y obediencia a Él. A José le costó la pérdida de su ropa, su trabajo y su libertad.

A veces la obediencia misma implica la persecución y el dolor. Sin embargo, otras veces Dios va un paso más allá, como lo hizo con José, y un desvío entra en escena. José terminó en la cárcel porque eligió su amor a Dios por encima de sus propios placeres. Él experimentó lo que leemos en 2 Timoteo 3:12: «Y también todos los que quieren vivir piadosamente en Cristo Jesús padecerán persecución». Pedro dice que debemos sufrir por la justicia y hacer el bien, no por la injusticia (1 Pedro 2:20).

Si es un creyente serio y está tomando decisiones basadas en lo que Dios quiere por encima de lo que usted o incluso sus amigos o la sociedad en general desea, la Biblia afirma que puede apostar su último centavo a que sufrirá persecución. Experimentará sufrimiento. Habrá sacrificio. Esto puede venir en diferentes formas, tamaños y maneras, pero vendrá. Las repercusiones negativas siguen a los que viven por la fe.

En realidad, si nunca experimenta repercusiones negativas en su vida debido a sus decisiones piadosas, entonces eso podría ser una indicación de que usted no está viviendo firmemente como cristiano. La Biblia dice con claridad que aquellos que hacen sus elecciones basados en su fe (que desean vivir piadosamente) sufrirán persecución. Todos no serán sus amigos si toma en serio a Jesús. Esto se debe a que tendrá que tomar decisiones que van en contra de la corriente. Cuando usted marcha a un ritmo diferente, no avanzas conforme a la cadencia de este orden mundial.

Recibí una llamada telefónica no hace mucho tiempo de una mujer con el corazón roto a la que había estado aconsejando. A través de las lágrimas me contó que su novio había terminado con ella porque no quería dormir con él. Había pensado que este hombre era el amor de su vida y que estarían juntos para siempre, pero cuando ella no cedió ante sus insinuaciones, él se fue a otro lado.

He recibido llamadas de otras personas que literalmente han sido despedidas de sus puestos de trabajo porque se negaron a ceder en una transacción o a seguir adelante con un programa que no era moralmente correcto. Tomaron una decisión a favor de la justicia, y había una etiqueta de precio que tenía que pagarse.

Así que déjeme decirle algo por adelantado: me encantaría que visitara mi iglesia, o me escuchara en la radio, o leyera un libro que he escrito, y me encontrara compartiendo cómo obtener sus bendiciones en la vida. Me encantaría poder decirle que nada irá mal en su vida, especialmente si sigue a Dios con todo su corazón. Sin embargo, lo estaría engañando. Estaría diciendo una mentira piadosa. Estaría inventando un cuento, porque la Escritura dice exactamente lo contrario. Lo que encontramos en la Palabra de Dios es muy diferente a lo que se afirma en los púlpitos por toda nuestra tierra. Si vives una vida piadosa en Cristo Jesús, puedes estar seguro de que enfrentarás persecuciones. Eso es lo que la Biblia dice. Y es con eso que puedes contar.

Daniel fue arrojado a la guarida de los leones porque no haría concesiones en su puesto.

Pablo fue enviado a la prisión.

José se quedó solo en un pozo.

Esteban murió apedreado.

Mesac, Sadrac y Abed-nego fueron lanzados al horno de fuego por negarse a inclinarse ante un ídolo. Ellos sufrieron las consecuencias de su decisión de no poner en riesgo su fe. Resulta algo desafortunado ver cuán pocos cristianos están dispuestos hoy a soportar las consecuencias por su compromiso. En la actualidad demasiados creyentes están actuando como cristianos culturales o cristianos por conveniencia; no muchos son cristianos seriamente comprometidos.

La prueba más crucial que enfrentará es la prueba de sufrir cuando no hizo nada malo. Cuando usted hace exactamente lo que Dios le dijo que hiciera y tiene que pagar el precio, está pagando una penalidad por el bien de la justicia. Se encuentra en un desvío intencionado que pondrá a prueba y fortalecerá su carácter y su resolución si lo permite.

> *La prueba más crucial que enfrentará es la prueba de sufrir cuando no hizo nada malo.*

José terminó en la cárcel debido a su elección de honrar a Dios. Él estaba sufriendo por su fe mientras se encontraba justo en el centro de la voluntad de Dios. Él no estaba en un lugar agradable. Se hallaba en una mazmorra. El rey tenía su propia prisión privada para las personas como José. En el libro de Salmos leemos que el Señor probó allí a José. Él estaba atado con grilletes y cadenas. La Escritura dice: «Mandó hambre a la tierra de Canaán, y cortó la provisión de alimentos. Luego envió a un hombre a Egipto delante de ellos: a José, quien fue vendido como esclavo. Le lastimaron los pies con grilletes y en el cuello le pusieron un collar de hierro. Hasta que llegó el momento de cumplir sus sueños, el SEÑOR puso a prueba el carácter de José» (Salmo 105:16–19, NTV).

José no solo se encontraba en un lugar oscuro; él estaba en un hoyo profundo y tenebroso con una movilidad limitada también. Se hallaba esposado y con un collar de hierro, incapaz de moverse. Atrapado... en medio de la voluntad de Dios.

Muchas personas piensan que cuando las cosas van mal, es porque ellas están fuera de la voluntad de Dios. No obstante, si usted hiciera un estudio cuidadoso de la Biblia, las cosas a menudo van mal *en* la voluntad de Dios. Es en estos desvíos que el Señor nos hace lo que le hizo a José. Él nos prueba como «puso a prueba el carácter de José». Como sabrás, resulta fácil ofrecerla a Dios nuestra alabanza y lealtad cuando las cosas van bien. Sin embargo, cuando usted está atado, con grilletes, alejado de la luz del sol —sin ningún tipo de esperanza— es que se revela la verdadera constitución de su corazón. ¿Arroja la toalla y se rinde? ¿O persevera en obediencia al Señor, aunque no pueda entender lo que significa el desvío en el que se encuentra?

¿Recuerda en la escuela cuando el profesor calificaba empleando una curva, basándose en el rendimiento de la clase en su conjunto? Al principio, cuando se anunció esta decisión, eso nos dio esperanza a todos. Nos hizo creer que teníamos la oportunidad de obtener una buena calificación, porque si el tema era difícil, nuestro desempeño deficiente podía ser lo bastante bueno después de todo. Pero entonces, si su clase era algo así como la mía, siempre había una persona, o dos, que de alguna manera lograban ser un as en la prueba a pesar de que el resto de nosotros obteníamos B menos o incluso C. Esta persona obtenía una puntuación increíble y causaba que la curva de aprendizaje no significara nada en absoluto. En el lugar de donde vengo le llamamos a eso «romper la curva».

Cuando Dios lo elige para representarlo en la cultura, quiere que rompa la curva. Quiere que usted establezca el estándar tan alto que realmente lo refleje a Él en su vida. Cuando elige la justicia, y sufre a causa de ello, el Señor a menudo permitirá que enfrente dificultades continuas, porque sabe que lo pondrán a prueba aún más. Estas producirán en usted las cualidades y el carácter que lo harán cada vez más como Jesucristo. José tenía un destino glorioso ante él. Tenía un destino que salvaría a las personas —salvaría a las naciones— de la inanición literal. Sin embargo, José no iba a alcanzar su destino hasta que su carácter fuera moldeado y formado de manera que pudiera manejarlo bien.

Mientras mayor es el llamado, más profundo es el pozo.

Mientras mayor es el destino, más ajustados están los grilletes.

Mientras más glorioso es el futuro, más persecución hay en el presente.

Aprenda a ver el sufrimiento (cuando sufre por el bien) a través de la lente del Señor. Él tiene un propósito para el dolor si descubre cómo resistir —como José— incluso cuando la vida no parece justa.

CAPÍTULO SEIS

La presencia en los desvíos

 En el último capítulo consideramos una forma de descubrir si usted está en un desvío inspirado por Dios o simplemente atraviesa las consecuencias de las malas elecciones. Vimos cómo experimentar sufrimiento por hacer lo correcto es a menudo una manera en la que Dios nos prueba. José terminó en la cárcel porque se negó a deshonrar a Dios aceptando las insinuaciones de la esposa de Potifar.

Otra forma en que puede discernir que está en un desvío diseñado por Dios es cuando en medio de su sufrimiento por hacer el bien, Dios le muestra su presencia. Le muestra su favor. Él se une a usted en el pozo.

Dios no mantuvo a Daniel fuera de la guarida de los leones; se encontró con él allí.

Él no impidió que Sadrac, Mesac y Abed-nego fueran lanzados al horno ardiente; se unió a ellos dentro de este.

Él no evitó que José fuera esclavo de Potifar; le mostró su favor, hasta el punto de que José terminó teniendo autoridad sobre la casa de Potifar y todas sus posesiones. Más tarde, cuando José fue lanzado a otro desvío en la prisión, Dios estuvo allí con él también. En Génesis 39:21 dice: «Pero el Señor estaba con José en la cárcel y le mostró su fiel amor. El Señor hizo que José fuera el preferido del encargado de la cárcel» (NTV).

La segunda prueba para saber que está donde Dios quiere que esté en su desvío es que Dios no lo libera del mismo, sino más bien se une a usted en medio de él. Sé que puede estar orando, como José puede haberlo hecho: «Señor, sácame de esta cárcel. ¡Sácame de este desvío!». Pero es posible que no sea el momento adecuado para hacerlo. Entonces, si Dios no está listo para librarlo, búsquelo a Él allí.

¿Ve su mano llena de favor sobre usted? ¿Lo ve mientras favorece a los que lo rodean? ¿Puede experimentar su presencia con usted? ¿Está dispuesto a buscarlo?

Búsquelo para que le dé luz en medio de la oscuridad.

Hace poco pasé un tiempo con un gran grupo de solteros mientras disfrutaban una tarde en el campus de nuestra iglesia. Compartí con ellos cuál fue el secreto de José para ser un exitoso soltero durante los años en que lo fue. Este secreto está registrado para nosotros en el libro de Hechos. Leemos: «Los patriarcas, movidos por envidia, vendieron a José para Egipto; pero Dios estaba con él» (Hechos 7:9). El éxito de José se debió a que Dios estaba con él. Estuvo con él en el pozo, en la casa de Potifar, e incluso en la prisión.

La clave de la victoria en cualquier situación que enfrente no es primero dónde se encuentra o por lo que está pasando, sino quién está con usted mientras se halla allí. «Dios estaba con José en la cárcel y le mostró su fiel amor». Veamos cómo la presencia y el amor de Dios se ponen de manifiesto en los siguientes versículos: «Poco después el director puso a José a cargo de los demás presos y de todo lo que ocurría en la cárcel. El encargado no tenía de qué preocuparse, porque José se ocupaba de todo. El Señor estaba con él y lo prosperaba en todo lo que hacía» (Génesis 39:22–23, NTV).

José consiguió un ascenso en la cárcel. Dios no cambió la situación, José todavía estaba en la cárcel. Sin embargo, en el desvío Dios lo promovió.

La forma en que Dios se muestra no siempre es librándote de algo, a veces es librándote en medio de ello. Si Dios está otorgándole su favor en medio de una prueba, problema o desvío, esto puede ser una indicación de que aún no está listo para librarlo de esa situación. Usted se estará preguntando cómo saber si realmente se trata de Dios y no solo de las circunstancias. Consideremos un patrón que Dios usa a menudo. Si recuerda, cuando José era un esclavo en la casa de Potifar, su amo lo promovió para que él se encargara de todo. La Escritura dice: «El Señor estaba con José, por eso tenía éxito en todo mientras servía en la casa de su amo egipcio. Potifar lo notó y se dio cuenta de que el Señor estaba con José, y le daba éxito en todo lo que hacía. Eso agradó a Potifar, quien pronto nombró a José su asistente personal. Lo puso a cargo de toda su casa y de todas sus posesiones» (Génesis 39:2–4, NTV).

Más tarde, cuando José languidecía en la cárcel, sucedió lo mismo. El carcelero se percató de él, y nuevamente lo puso a cargo. Dios se mostró no una, sino dos veces de manera similar. La Escritura a menudo afirma que por «dos o tres testigos» se confirmará un asunto.

¡Cuando el Señor se muestra dos veces en su vida de una forma similar, preste atención! Él está hablando. No es la mala suerte. No es la buena suerte. No es la casualidad. Es Dios confirmando que está haciendo esto a propósito, porque le está dando un testimonio doble.

Cuando Gedeón necesitaba pruebas de que realmente estaba escuchando a Dios, colocó afuera un vellón de lana y le pidió a Dios que lo humedeciera con el rocío y dejara seca toda la tierra. Al día siguiente lo extendió de nuevo y pidió todo lo contrario. Dios a menudo se revelará a sí mismo en grupos de dos. No siempre, pero a menudo hay un patrón que usted puede percibir si mira a través de los ojos espirituales. Considere cómo Dios podría estar hablándole al hacer o permitir que algo suceda dos veces en su vida. Pídale sabiduría para discernir su mano de favor y lo que significa. A veces puede significar que no hay un cambio real en su situación: aún puede hallarse en el pozo. No obstante, el solo hecho de saber que no está solo es suficiente como para darle la fuerza con el fin de esperar bien.

¿Alguna vez ha experimentado mucha turbulencia en un avión? Yo sí. Ha habido ocasiones en que el avión parece estar saltando por todas partes. Los hombres y las mujeres adultos gritan, ciñéndose sus cinturones de seguridad ya de por sí apretados. Las miradas en sus rostros muestran un nerviosismo evidente. Sin embargo, luego se escucha una voz a través de los altoparlantes. Usted reconoce la voz del capitán. Él explica que se encuentran en un punto difícil en este momento, pero que en otros diez o quince minutos estarán fuera de eso. De alguna manera, simplemente oír que él sabe lo que está sucediendo alivia el estrés. Escuchar la voz del capitán no hizo que la turbulencia o las sacudidas cesaran. Pero su voz lo calmó mientras el avión continuaba maniobrando a través de ellas.

Dios no siempre nos saca de nuestros desvíos, pero saber que Él está con nosotros puede producir calma en medio de la turbulencia de la vida. Cuando la situación financiera, relacional, de salud, empleo o cualquier otra índole no parezca ir bien en su vida, escuche la voz de Dios. ¿Reconoce su presencia? ¿Puede sentir su favor a pesar de las adversidades y el dolor a su alrededor?

Dios estaba con José, en el pozo y en la prisión, porque Él tenía un plan.

Sirviendo mientras se sufre

Otra prueba de que está en camino a su destino en el momento en que se encuentra atrapado en un desvío es cuando Dios le da un ministerio dirigido a otras personas que están atravesando lo mismo o cosas similares que usted. Él le da personas a las cuales servir mientras se halla sufriendo.

La siguiente parte de la historia de José nos revela esto en su vida:

Aconteció después de estas cosas, que el copero del rey de Egipto y el panadero delinquieron contra su señor el rey de Egipto. Y se enojó Faraón contra sus dos oficiales, contra el jefe de los coperos y contra el jefe de los panaderos, y los puso en prisión en la casa del capitán de la guardia, en la cárcel donde José estaba preso. Y el capitán de la guardia encargó de ellos a José, y él les servía; y estuvieron días en la prisión. (Génesis 40:1–4)

Dos de los servidores más confiables de Faraón, su copero y su panadero, se metieron en problemas. Como estaban bajo sentencia de muerte, probablemente habían sido considerados como parte de un complot para asesinar a Faraón. Al llegar a la cárcel, fueron sometidos al cuidado de José. Más adelante en la historia descubriremos que estos dos presos tenían la llave del destino de José. No obstante, antes de que Dios usara esa llave para facilitar cualquier cosa en la vida de José, primero quiso que él ayudara a estos dos hombres. José tuvo que aprender a mirar más allá de su propia miseria y ver cómo podría ser usado para ayudar a los demás antes de que Dios lo promocionara a su última asignación en el reino.

La tendencia cuando usted está sufriendo es ser egocéntrico. Esa es una tendencia normal en todos nosotros. Si escucha hablar sobre otras personas que enfrentan problemas, no le importa ayudarlas, pues quiere gastar toda su energía emocional en cuidar sus propias heridas. Pero la clave para superar su propio sufrimiento es en realidad hacer todo lo contrario. Debe buscar personas que estén atravesando por algo similar a usted y encontrar una manera de ministrarles mientras espera que Dios le ministre a usted. José, al darse cuenta de sus caras tristes, se interesó por ellos (Génesis 40:6–8).

Lo que mucha gente hace es ser egoísta en medio de su sufrimiento.

Lo que mucha gente hace es ser egoísta en medio de su sufrimiento. Sin embargo, la respuesta justa al sufrimiento es ayudar a alguien más.

Una de las formas en que Dios lo hace avanzar en sus desvíos es a través de su ministerio. Si no está dispuesto a ministrarle a otra persona, podría estar retrasando su propio destino al aumentar la duración de su desvío. Ser egocéntrico puede en realidad causar que se pierda la bendición que Dios tiene reservada para usted.

Cuando los dos hombres en la cárcel necesitaron a alguien que los ayudara, José estuvo allí. Él no se encontraba tan ocupado regodeándose en su propia autocompasión que no tuvo tiempo para alguien más. Los dos hombres tuvieron un sueño, y los sueños eran la especialidad de José. Al interpretar ambos sueños para estos hombres, usó el don que Dios le había dado para ayudar a otras personas. Más adelante veremos cómo el hecho de que José estuviera dispuesto a interpretar sus sueños realmente lo liberó de la prisión.

Si quiere ver a Dios aparecerse en su desvío y llevarlo a su destino, busque a otras personas para servirlas. No tiene que ser sofisticado al respecto; solo use el don que Dios le ha dado cuando vea a alguien que pueda necesitarlo. Dios quiere usar sus desvíos para ayudar a otros que también se encuentran en los suyos. Noé ministró mientras esperaba por la lluvia. Rut ministró mientras esperaba que Dios cambiara su situación. Rebeca sacó agua para los camellos de un extraño mientras esperaba que Dios le proveyera una pareja. Todos ministraron en medio de la espera, durante el retraso de su desvío.

Tenga cuidado de no perderse su ministerio debido a su desgracia. Dios usa el ministerio para recargar sus baterías espirituales mientras usted espera. Como nos enseña 2 Corintios, Dios tiene una razón para el consuelo, el favor y la bondad que nos muestra en medio de nuestros problemas. He aquí lo que dice: «[Dios] nos consuela en todas nuestras tribulaciones, para que podamos también nosotros consolar a los que están en cualquier tribulación, por medio de la consolación con que nosotros somos consolados por Dios. Porque de la manera que abundan en nosotros las aflicciones de Cristo, así abunda también por el mismo Cristo nuestra consolación» (1:4–5). Dios no solo desea que nos conectemos verticalmente con Él. También quiere usarnos para conectarnos horizontalmente los unos con los otros. Esto tiene que ocurrir en ambos sentidos para vivir plenamente el primero y el segundo más grandes mandamientos, que son amar a Dios sobre todas las cosas y amar a los demás como a nosotros mismos. Si se halla en un desvío, busque una manera de alentar a otro que esté en la misma situación o alguna similar a la que se encuentra. Rara vez uno se topa a alguien solo en un desvío. Por lo general, hay una línea de automóviles que se dirigen a la ruta alterna y se mueven lentamente.

Atascado demasiado tiempo

La última, y probablemente la más desalentadora de las cuatro pruebas de que está en un desvío ordenado por Dios, es cuando Dios pospone su salida. Posterga su cambio. Retrasa su liberación…que es exactamente lo que le sucedió a José en la cárcel.

Después de interpretar los sueños de los dos presos, le solicitó al copero una cosa. Le pidió que lo recordara cuando saliera. Él le dijo: «Acuérdate, pues, de mí cuando tengas ese bien, y te ruego que uses conmigo de misericordia, y hagas mención de mí a Faraón, y me saques de esta casa. Porque fui hurtado de la tierra de los hebreos; y tampoco he hecho aquí por qué me pusiesen en la cárcel» (Génesis 40:14–15).

José simplemente pidió ser recordado cuando el copero fuera

puesto en libertad. Eso es todo. No es mucho. Nadie consideraría que eso es pedirle demasiado a alguien. José voluntariamente interpretó su sueño y le dio esperanza sobre su futuro. A cambio, todo lo que solicitó fue una salida de su propia situación carcelaria. Sin embargo, «el jefe de los coperos no se acordó de José, sino que le olvidó» (v. 23). El copero siguió su camino, dejando a José sumido en un retraso aparentemente interminable.

Amigo, es posible que no le guste lo que voy a decir, pero lo he visto en la Escritura, y lo he visto en la vida de las personas lo suficiente como para creer que es un patrón de Dios. Usted se encuentra exactamente donde está supuesto a estar cuando parece que Dios lo tiene al borde del desastre. Cuando parece que Él está a punto de hacerse patente para usted en el más desesperanzador de los momentos. Cuando parece que el alivio debe estar levantándose sobre el horizonte, pero luego se retrae y se desvanece.

Cuando Dios va a la izquierda y usted necesita ir a la derecha, eso a menudo es una prueba positiva de que se encuentra justo donde Él quiere que esté.

Es similar a la ocasión en que Marta y María perdieron a su hermano Lázaro cuando estaba enfermo y luego murió. Ellas le preguntaron a Jesús por qué se había retrasado en venir mientras todavía estaba vivo. La respuesta de Cristo a Marta y María es similar a la que recibiera José en la cárcel y cada uno de nosotros cuando nos enfrentamos a los desvíos del destino: Dios tiene una razón específica para sus retrasos. Lo hace para mostrar su mano aun más poderosa y profundizar nuestra fe.

¿Se siente atrapado? ¿Le parece que está en una situación que simplemente no terminará, a pesar de todas las oraciones que ha hecho y los intentos de superarlo por sí mismo?

Usted piensa que Dios lo ha olvidado aunque haya deseado honrarlo con sus pensamientos y acciones. Entonces, Él le muestra pequeños indicios de su presencia aquí o allá. Él lo usa para ministrar a otros en medio de su dolor. Y justo cuando parece que está a punto de liberarlo —ha encontrado a la persona adecuada, el trabajo correcto, su propósito, su salud o sus finanzas están a punto de cambiar para bien— enfrenta otra demora como si aparentemente Dios hubiera cerrado la puerta de la oportunidad y la liberación en su rostro. Lo más fácil es darse por vencido en momentos como esos.

¿Cómo se sintió José cuando vio su oportunidad de salir de una mazmorra que no se merecía, pero luego pasaron los días y no tuvo ninguna noticia? No hubo llamadas desde arriba. No hubo llave de salida a la liberación. Eso es suficiente para poner a prueba la fe de cualquier hombre, que usted se sienta olvidado, especialmente después de servir tan bien.

Pero recuerde: una demora no significa una negación.

Una demora ocurre cuando Dios continúa preparando su destino para usted y a usted para su destino a fin de cumplir sus más grandes propósitos del reino. Dios tenía un propósito glorioso para que José lo cumpliera, pero requeriría algunos años más en la cárcel. Sí, *años*.

El horario de Dios raramente es el nuestro. Sus desvíos pueden durar mucho más tiempo de lo que deseamos. Sin embargo, cuando alcance su destino —como cuando José finalmente alcanzó el suyo— mirará hacia atrás con asombro y declarará que Dios tenía razón, e incluso fue amable, todo el tiempo.

CAPÍTULO SIETE

La promoción de los desvíos

 Mientras estudiaba y predicaba sobre este tema de los desvíos recientemente, recibí un recordatorio de lo que sucede en un desvío en la vida. Mi esposa Lois y yo regresábamos de Denver, Colorado, después de hablar en un evento temprano esa mañana. Era sábado, y si usted me conoce bien, sabe que nunca me ausento un domingo. Regresar a Dallas era una necesidad. Y mientras abordábamos el avión en el soleado Colorado, asumí que nuestro regreso a casa era algo seguro.

El avión despegó a tiempo y estábamos camino de regreso a nuestro destino. A solo una hora y cuarenta y cinco minutos.

Cuando habían transcurrido dos tercios del vuelo, el piloto encendió el altavoz y nos dejó saber que se estaban produciendo tormentas en Dallas, así que tendríamos que dirigirnos a Oklahoma City.

Ahora bien, Oklahoma City no estaba en mis planes. No había pedido, deseado, anticipado e incluso pensado en ir allí. Sin embargo, alguien más estaba en control. Y el que estaba en control me dijo que no iría a donde pensé que me dirigía después de todo. Él demostró tener razón, y aterrizamos en Oklahoma City.

Y no solo estábamos en Oklahoma City, sino que nos encontrábamos atrapados en un avión. No abrieron ninguna puerta. No nos dejaron salir. Estábamos detenidos sobre la pista dentro del avión indefinidamente. El piloto se mantenía diciendo que serían necesarios otros quince minutos. Entonces más tarde venía y explicaba que iban a tardar otros veinte minutos. Dos horas después, regresó nuevamente y dijo que habría que esperar otros quince minutos. ¡Lois y yo estuvimos atrapados en ese avión en Oklahoma City durante horas!

Finalmente, después de un retraso que pareció continuar para siempre debido a las circunstancias fuera de nuestro control, el piloto regresó e informó que estábamos a punto de despegar ahora para dirigirnos a Dallas. El alivio inundó mi cuerpo y mi mente. Volvería a tiempo para predicar. Con agradecimiento, abroché mi cinturón de seguridad, me recosté y esperé que el corto vuelo comenzara. Los motores rugieron, salimos disparados por la pista, el avión comenzó a despegar.

Y fue entonces cuando sucedió.

El avión empezó a disminuir la velocidad.

De nuevo.

Me escuchó bien. El avión disminuyó la velocidad, los frenos hicieron su trabajo, y nos quedamos detenidos en la pista. La voz del piloto se escuchó un poco después: «Lo siento», dijo. «Pero nuevas tormentas han aparecido en el área de Dallas / Fort Worth, por lo que no podemos despegar. Eso demorará otros quince minutos».

Quince minutos, ¿verdad? No fueron quince minutos. No fueron ni siquiera veinte minutos. Una hora más tarde, el piloto regresó y dijo que las cosas se habían aclarado y estábamos listos para despegar nuevamente. Puede apostar a que no me molesté en abrocharme el cinturón esta vez. Sin embargo, lo impensable sucedió; el avión en realidad despegó y finalmente estaba en el camino de regreso a mi destino: Dallas, Texas y Oak Cliff Bible Fellowship.

O eso pensé.

Cuando el avión aterrizó en Dallas, el piloto regresó (podrá imaginar que ya estaba cansado de escuchar a este piloto). Él informó: «Señoras y señores, tengo una buena noticia y una mala noticia. La buena noticia es que hemos aterrizado en Dallas. La mala noticia es que no hay puertas disponibles. Serán necesarios de cuarenta y cinco minutos a una hora para que podamos acercarnos a una puerta».

Huelga decir que ya había pasado el punto de «estar irritado evangélicamente». Pasaría más de una hora antes de desembarcar. ¡Nuestro corto viaje de una hora y cuarenta y cinco minutos se había convertido en una amarga experiencia de siete horas!

Había estado en un desvío prolongado.

Algunos de los que lean esto pueden pensar que esa es la historia de su vida. Usted planeaba estar aquí ahora, y sin embargo se encuentra experimentando un patrón de espera. No sabe cuándo el avión llamado *destino* va a aterrizar. Puede sentirse cada vez más frustrado o incluso estar perdiendo la esperanza. El piloto dice: «Abróchense el cinturón», y usted incluso no se molesta más en hacerlo. Ha estado atrapado en la pista de las pruebas y las tribulaciones, e incluso puede haber olvidado a dónde pretendía ir todo el tiempo.

No obstante, quiero alentarlo si así es como se siente hoy. Quiero recordarle que Dios tiene un propósito para el dolor y un destino al final del desvío. Cuando su preparación se encuentra con el propósito de Dios —su tiempo se conecta con su tiempo— está listo para pasar del desvío al destino.

Siempre recuerde al mirar los desvíos en su vida que Dios está construyendo su destino mientras lo está desarrollando a usted. Él está estableciendo un propósito mientras desarrolla a una persona. Cuando la persona está preparada para el propósito y el propósito está preparado para la persona, entonces es cuando Dios crea una conexión, y esa conexión es llamada destino.

El problema ocurre cuando Dios ha preparado el propósito, pero la persona aún no está lista para este. Cuando no se ha permitido que la preparación haga su trabajo para producir enfoque, madurez, carácter y fe, solo se alarga el desvío. De forma similar a las tormentas que estaban teniendo lugar en Dallas, las cuales causaron nuestro retraso al regresar de Denver, las tormentas en su alma, cuando no se controlan ni se afrontan, crea retrasos al alcanzar su destino.

Una lección sobre la vida

El desvío de José comenzó cuando tenía diecisiete años. Para el momento en que llegamos a Génesis 41, él tiene treinta años. Eso significa trece largos años de deambular y esperar, sin saber realmente por qué Dios había permitido tantos giros y vueltas a lo largo del camino. Fue un largo desvío, sin duda.

No obstante, había una salida.

Había un destino.

Había un propósito vinculado a los retrasos.

Había un final para su comienzo inoportuno.

Y a partir del ejemplo de José podemos obtener algunos indicios que nos ayudarán a reconocer cuándo Dios está listo para llevarnos al final de un desvío. La primera señal es cuando Dios lo decepciona justo en el momento en que piensa que estará ahí para usted.

Sé que no esperaba leer eso. Probablemente esperaba leer algo como: «Cuando Dios le da un atisbo de su destino en el horizonte y le indica la dirección correcta», o alguna cosa similar. Sin embargo, Dios no obra de la forma en que queremos que lo haga a veces. Él obra según sus propias formas misteriosas, porque sabe lo que funciona mejor para cada uno de nosotros.

> *Él obra según sus propias formas misteriosas, porque sabe lo que funciona mejor para cada uno de nosotros.*

Una lección obtenida de la vida de José, en lo que respecta a los desvíos, es que justo cuando parece que Dios está a punto de liberarlo, y en cambio lo decepciona, está en camino a su destino.

En el capítulo 41 de Génesis leemos acerca de esto con respecto a José. Ya habíamos considerado algo en el capítulo anterior. José había interpretado los sueños del panadero y el copero, y luego le había pedido al copero que se acordara de él cuando saliera de la cárcel. Estoy seguro de que pudo sentir que finalmente iba a ser liberado. Él había encontrado la salida. Estaba cansado de la prisión, la oscuridad, los alrededores húmedos y malolientes. Había ayudado a otra persona, así que esperaba cierta reciprocidad por su buena acción. Tal vez se sintió un poco como yo cuando el avión comenzó a correr por la pista para despegar por primera vez de Oklahoma City. Me podía imaginar casi en el aire y cerca de casa. Pero luego el capitán pisó los frenos y nos quedamos parados de nuevo. Casi habría sido más misericordioso que hubiéramos permanecido detenidos sobre la pista más tiempo que hacernos casi despegar solo para abortar la maniobra segundos antes de completarla.

A José le pareció que Dios finalmente había traído a alguien a su vida que podría liberarlo. Parecía que su día había llegado finalmente.

No obstante, las cosas se olvidaron antes de que alguna vez salieran bien. Cosas estancadas antes de que despegaran. El copero no se acordó de José. Y José no tenía manera de llamar su atención nuevamente.

Estaba hablando por teléfono a medianoche el otro día con un hermano que lamentaba las circunstancias de su vida. Comenté con él este principio de que cuando Dios nos decepciona justo en el momento en que pareciera que Él va a liberarnos, es realmente el instante en que Dios nos dice: «Prepárate para donde te estoy llevando». Cuando mi amigo descubrió que Dios a menudo funciona de esa manera, sus circunstancias no cambiaron, pero sí cambió la forma en que él las veía. Su nivel de paciencia cambió en medio de una situación desafiante.

Por mal que pueda sentirse cuando Dios lo decepciona, en realidad esto es algo bueno, porque Él lo está preparando para donde lo llevará. Lo está disponiendo, ya casi está allí. Solo espere un poco más y no se rinda todavía. Él está fortaleciendo su fe, gratitud y resolución.

Entre otras cosas.

Del mismo modo está preparando el lugar (o a la persona) al que lo va a llevar...para usted.

Tenga esto en cuenta además. Es posible que su destino aún no esté listo para usted. Dios también puede estar preparando el lugar al que se dirige (o a la persona con la que Él lo va a conectar) *por su bien*.

Entonces, aunque una demora puede ser mala y decepcionante, es sabio que el capitán lleve a sus pasajeros a través del desvío. Si el capitán se hubiera mostrado impaciente en Oklahoma City y despegado en lugar de esperar que pasara la tormenta, quién sabe lo que podría haber sucedido. Si hubiera intentado aterrizar el avión en medio de fuertes vientos y relámpagos, tal vez ninguno de nosotros estuviera aquí hoy. Como verá, su desvío no tiene que ver solo con usted. Del mismo modo involucra a los otros pasajeros que forman parte de su vida; Dios se preocupa por ellos y su bienestar también. Además, con frecuencia tiene que ver con el hecho de que su destino esté listo para recibirlo.

Hay otra razón por la cual Dios a menudo demorará su liberación cuando parece como si estuviera al borde de ella. Esto ocurre porque Dios desea estar seguro de que le dan el crédito por lo que sucede.

Si el contacto de José en la cárcel hubiera logrado que lo liberaran luego de ser libre él mismo, entonces José podría atribuirse el mérito. Y todos sabemos lo que le sucedió a José cuando su ego se hizo demasiado grande unos años antes. Así que Dios le permitió llegar al borde de la liberación —por sus propios medios— y luego lo hizo volver atrás. Él actuó así para que José supiera que no fue a través del esfuerzo humano que alcanzó su destino. No fue porque le hizo a alguien un favor. Esto solo se debía a Dios mismo. Dios no permitió que el copero se acordara de José. Él hace cosas similares en nuestras propias situaciones también.

Porque cuando Dios quiere obrar en su vida, no desea compartir el crédito. Él quiere tener toda la gloria y toda la notoriedad.

Pablo resumió por qué Dios maneja las cosas de esta manera en 2 Corintios cuando escribió: «Pero tuvimos en nosotros mismos sentencia de muerte, para que no confiásemos en nosotros mismos, sino en Dios que resucita a los muertos» (1:9). La declaración de Pablo es un buen recordatorio de algo que no está en la Biblia. Es algo que se cita mucho e incluso se le atribuye a la Biblia, pero no aparece en ninguna parte: Dios no le dará más de lo que puede soportar. Eso simplemente no es cierto. En realidad, Pablo —el apóstol y siervo elegido de Dios— escribió: «Porque hermanos, no queremos que ignoréis acerca de nuestra tribulación que nos sobrevino en Asia; pues fuimos abrumados sobremanera más allá de nuestras fuerzas, de tal modo que aun perdimos la esperanza de conservar la vida» (2 Corintios 1:8). Sí, Pablo escribió que él había perdido la esperanza de vivir. Hubiera preferido morir antes que sufrir. Todos estaban «abrumados sobremanera» y más allá de sus fuerzas. Definitivamente, suena como si Dios hubiera permitido más de lo que podrían soportar.

Al igual que sucedió con Pablo, y con José, hay un tiempo en que Dios le dará más de lo que puede soportar. Este es un momento en el cual Él quiere despojarlo de usted mismo. Quiere liberarlo de su propia autonomía. Quiere eliminar su sentido de autosuficiencia, su independencia. En realidad, Dios lo quebrantará hasta que exclame algunas veces: «Me rindo», hasta que haya alcanzado un punto de total dependencia de Él.

Una de las razones por las que algunos de nosotros no hemos salido de nuestros desvíos es que todavía somos demasiado autosuficientes. Todavía sentimos que podemos manejar las cosas por nuestra propia cuenta. Creemos que conocemos a las personas adecuadas, o tenemos el dinero necesario, o incluso trabajamos en el lugar correcto. Creemos que debido a nuestras conexiones personales, habilidades humanas, talentos, contactos, o incluso nuestros propios recursos —si solo añadimos encima una oración— podemos llegar a donde queremos ir.

Las cosas no funcionan de esa manera. Dios no funciona de esa manera. Dios le dará más de lo que puede soportar cuando está tratando de que se deshaga de su propia independencia. Cuando Dios lo decepciona —justo cuando parecía que estaría ahí para usted— lo hace para aumentar su conocimiento de su dependencia de Él y no de usted mismo. Sin embargo, esas son buenas noticias, amigo. Son buenas noticias que sus contactos humanos no puedan ayudarlo, o su dinero no pueda salvarlo, o se vea a sí mismo lanzado solo a Dios.

Ese es el mejor lugar donde puede estar, porque es allí que Dios finalmente tiene la oportunidad de *ser* Dios para usted.

CAPÍTULO OCHO

El plan de los desvíos

En el capítulo anterior consideramos un indicio que nos puede permitir saber cuándo posiblemente estamos llegando al final de un desvío ordenado por Dios: cuando Él lo decepciona en el momento en que parecía que usted estaba a punto de llegar a su destino. En este capítulo, quiero que examinemos otro indicio: cuando Dios lo sorprende.

Durante dos años completos José se sentó en la cárcel esperando que el copero se acordara de él. Estoy seguro de que después de un tiempo asumió que el copero ya no lo recordaría. Probablemente se sintió abandonado, ignorado por Dios. Mientras esperaba ese golpe en la puerta que nunca llegó, me pregunto si José se molestó en hacer un seguimiento de los días. Después de tanto tiempo, ¿lo haría usted?

Después de tanto tiempo, ¿lo ha hecho?

¿Se encuentra en algún lugar de su vida donde se siente abandonado, ignorado o incluso evitado por Dios?

¿Ha estado orando, aguardando y manteniendo la esperanza de que vería intervenir su mano, pero fue en vano?

Si ese es su caso, entonces este capítulo es para usted. Porque después de que la preparación y el desarrollo, e incluso su quebrantamiento, han tenido lugar, Dios está listo para hacerle lo que le hizo a José: sorprenderlo.

Mientras José se encontraba encerrado en la prisión, Faraón estaba soñando en el palacio. Sin embargo, este no fue un sueño bueno. En realidad, era un sueño que le causó mucha preocupación a Faraón. Tanto que les pidió a sus magos y todos sus sabios que vinieran a interpretar su sueño. No obstante, a pesar de todos sus esfuerzos, no se halló a nadie que pudiera hacerlo con éxito. Dios no permitió que la sabiduría humana ofreciera la respuesta al problema. Él providencialmente frustró el proceso normal para las interpretaciones de los sueños del Faraón debido a que tenía un trabajo para José. Dios tenía a alguien especialmente creado y diseñado para un propósito justo como este. En realidad, interpretar el sueño era solo un paso hacia el propósito que Dios tenía para José.

Mientras José se sentaba un día más en la cárcel, la sabiduría de los hombres más sabios de Egipto se quedó corta, dejando a Faraón sin saber qué hacer después. Es decir, hasta que el copero habló. He aquí lo que dijo:

Entonces el jefe de los coperos habló a Faraón, diciendo: Me acuerdo hoy de mis faltas. Cuando Faraón se enojó contra sus siervos, nos echó a la prisión de la casa del capitán de la guardia a mí y al jefe de los panaderos. Y él y yo tuvimos un sueño en la misma noche, y cada sueño tenía su propio significado. Estaba allí con nosotros un joven hebreo, siervo del capitán de la guardia; y se lo contamos, y él nos interpretó nuestros sueños, y declaró a cada uno conforme a su sueño. Y aconteció que como él nos los interpretó, así fue: yo fui restablecido en mi puesto, y el otro fue colgado. (Génesis 41:9–13)

Una bombilla se encendió en la mente del copero cuando los hombres de Faraón no pudieron interpretar su sueño. Algo activó un recordatorio de su propia situación similar y el hombre que conoció en la cárcel, el esclavo. Sin dudarlo, Faraón convocó rápidamente a José para que interpretara su sueño. No necesitó que le dijeran dos veces que había un hombre que podría ayudarlo. Un golpe se escuchó en la puerta de la celda de José. Esta se abrió a la luz. Y tan repentinamente como lo habían encerrado allí, lo sacaron del lugar.

Algunos le pueden llamar a eso suerte, azar o casualidad. Tal vez haya algunos que lean esto e incluso lo llamen predestinación. Sin embargo, como un creyente en Dios, ninguna de esas palabras debería estar en su vocabulario. Lo que sucedió ese día es obra de la *providencia*.

> Lo que sucedió ese día es obra de la providencia.

La providencia es la mano de Dios moviéndose en la historia: dando un sueño, habiendo dispuesto al intérprete de los sueños, y recordándole el copero su conexión de hacía años. Ahora Faraón quiere conocer a un hombre del que nunca ha sabido y confiarle los pensamientos más delicados de su mente y su corazón...todo porque Dios es un Dios que dirige el tiempo y maniobra las circunstancias.

José tuvo un buen comienzo, un trabajo y una afeitada. En Génesis 41:14 dice que después de que Faraón envió a buscar a José, este último se afeitó y se cambió de ropa. Habiendo permanecido sentado en el horrible ambiente de una mazmorra por tanto tiempo, era hora de un cambio de imagen. Y eso es exactamente lo que Dios hará. Cuando Él lo saca del desvío hacia su destino, lo limpia. Lo prepara. Transforma no solo su alma, sino todo sobre usted. Dios puede quitarle esas ropas de la cárcel cuando lo saca de una realidad negativa, dándole un nuevo comienzo y un rostro fresco.

Cuando se encontró ante el gobernante más alto de la tierra, José recordó de dónde vino. Él recordó su dependencia de Dios. No se exaltó a sí mismo con palabras positivas y afirmativas. En cambio, reveló claramente lo que aprendió en sus desvíos: cosas como la humildad, la dependencia y la confianza. La Biblia dice:

Y dijo Faraón a José: Yo he tenido un sueño, y no hay quien lo interprete; mas he oído decir de ti, que oyes sueños para interpretarlos. Respondió José a Faraón, diciendo: No está en mí; Dios será el que dé respuesta propicia a Faraón. (Génesis 41:15–16)

Después de dos años en la cárcel, Dios sorprendió a José con un trabajo. Y José nos sorprendió a todos con una transformación de carácter. «No soy capaz», dijo claramente. «Es Dios».

Él finalmente había madurado. Ahora estaba preparado para el trabajo que Dios lo había llamado a hacer. Cuando usted está preparado para su destino, se sorprenderá de cuán rápido el Señor lo llevará allí. Si alguna vez quiere llevar a cabo un estudio en la Biblia, le recomiendo hacer uno sobre la palabra *repentinamente*. Repentinamente es cuando Dios te sorprende, cuando Él aparece de la nada, cuando no podría haberlo planeado o creado usted mismo.

Repentinamente.

Usted cree que está atrapado en algún lugar, pero de repente Dios le muestra que ya ha llegado.

Esto me recuerda otra historia sobre aviones que tuvo lugar en un viaje que necesité hacer. Esta vez estaba volando de regreso a Dallas desde Raleigh, Carolina del Norte, cuando surgió un problema que causó un desvío. En lugar de aterrizar en Dallas, fuimos redirigidos a Abilene. Nunca olvidaré el momento en que estábamos detenidos en la pista en Abilene cuando, repentinamente, una pasajera se puso de pie y comenzó a hablar con la azafata. Unos minutos más tarde la azafata entró en la cabina para hablar con el capitán. Unos pocos minutos después de eso, un equipo se detuvo afuera del avión con las escaleras para desembarcar. En unos instantes, la puerta del avión se abrió y la mujer y sus hijos salieron. Aparentemente, Abilene había sido su destino todo el tiempo. En un inicio ellos habían estado programados para volar a Dallas y luego subir a otro avión de regreso a Abilene. No obstante, mientras permanecían sentados allí en la pista, decidieron preguntar si podían seguir adelante y desembarcar.

La tripulación y los asistentes no vieron por qué no, así que lo que originalmente había sido un desvío se convirtió en un destino. Repentinamente.

Dios sabe cómo crear situaciones. Dios sabe cómo llevarlo desde aquí, saltarse allá, para que termine acá repentinamente... en el lugar a donde había estado llevándolo todo el tiempo. Como a la familia en el avión que se desvió hacia Abilene, Dios puede sorprenderlo presentándose de la nada y llevándolo a casa antes de lo que nunca soñara.

Sin embargo, usted puede preguntarse cómo saber si lo que está sucediendo repentinamente es en realidad obra de Dios o algo más. ¿Cómo reconocer un movimiento de Dios en comparación con algo que simplemente sucede debido a las circunstancias de la vida? A menudo, puede reconocerlo por la frase *dos veces*. En la historia de José, leemos sobre esto en Génesis 41:32, cuando José responde a la pregunta de Faraón sobre qué hacer con respecto a su sueño. Él dijo: «Y el suceder el sueño a Faraón *dos veces*, significa que la cosa es firme de parte de Dios, y que Dios se apresura a hacerla» (cursivas mías).

Ya consideramos esto antes en otro capítulo, pero quiero mencionarlo de nuevo aquí, pues resulta crucialmente importante. *Por dos o tres testigos se confirma una cosa*, y a veces eso significa que Dios está a punto de hacer algo.

Cuando usted quiera saber si es solo la casualidad, o Satanás tratando de engañarlo (o incluso su propia ilusión), busque un patrón repetitivo. Busque lo que se repite *dos veces*.

Dios siempre confirmará su voluntad. Él siempre validará su Palabra. Y la forma en que lo hizo con Faraón y su sueño fue dándole tanto las vacas como las espigas (Génesis 41:1–7). José le señaló eso a Faraón como una forma de conocer que el asunto había sido determinado por Dios mismo y que lo predicho iba a suceder.

José podía mirar atrás en su propia vida y ver a Dios mostrarse en patrones reconocibles. Él había aprendido a discernir la mano de Dios. Su humillación tuvo un costo, pero fue un costo que pagó dividendos para él y muchos otros en el futuro. Una cosa que José aprendió a través de sus desvíos fue nunca preocuparse demasiado por lo que las cosas pudieran parecer. Ya sea bueno o malo, lo que vemos no es siempre la realidad.

A él le habían dado antes una túnica de diversos colores y una visión de grandeza. No obstante, terminó en un pozo, luego atado detrás de una caravana, después vendido como esclavo, solo para más tarde ser encarcelado.

Le habían dado una mazmorra por casa y cadenas por ropa, para luego ser liberado y que se bañara, afeitara, recibiera ropa nueva y fuera llamado ante la presencia de Faraón mismo a fin de interpretar su sueño. Lo que usted ve nunca es todo lo que hay que ver. José sabía eso. Él se daba cuenta de que siete años de abundancia no deberían ser una situación para que la nación viviera a sus anchas. Sabía lo que significaba el sueño: habría siete años de hambre. Y si los líderes del país no eran lo suficiente sabios para almacenar de más durante la abundancia, muchos morirían de hambre durante la hambruna. José aprendió en sus desvíos cómo ver la vida a través de una lente a largo plazo. Él aprendió que Dios tiene una forma de dar giros, cambios, vueltas, y luego hacer algo repentinamente y de la nada con el fin de que uno llegue exactamente a donde se supone que debe estar.

Así que hoy lo reto, incluso mientras lee estas páginas, a que si está en un desvío, se asegure de cumplir su voluntad. Deje de permitir que la opinión humana y la emoción lo mantengan en un desvío más tiempo del que necesitas estar. Deje de seguir las formas y los métodos de la humanidad, que contradicen los caminos de Dios. Aunque quizás yo no sepa cuánto tiempo va a durar su desvío, sé que Dios sabe dónde yace su destino y cuándo su encuentro divino tendrá lugar. Y cuando esto ocurra, el tiempo será perfecto. Y, más probablemente, repentino.

Había un hombre que un día estuvo listo para renunciar a Dios. Se sentía cansado. La vida ya no le estaba yendo bien, y no sabía si Dios estaría ahí para él como había esperado una vez. Su paciencia se había agotado, perdió la última esperanza, y quería rendirse. Entonces le susurró a Dios: «Renuncio».

Tal vez ese es usted hoy. Quizás así es como se siente, porque no puede ver a Dios, no puede escucharlo. Se siente como José, bloqueado y varado, atrapado. Languideciendo. Olvidado. Solo. Ignorado. Aunque alguna vez tenía mucha esperanza.

El hombre que le dijo a Dios que se había rendido decidió ir al bosque a tener una última conversación con el Señor.

—Dios, me has decepcionado —dijo este hombre—. Me tienes atrapado aquí, y yo no sé por qué. No sé cuánto tiempo voy a tener que permanecer en esta situación antes de que un cambio se produzca. Estoy listo para rendirme, a menos que hagas o digas algo en este momento.

Justo en ese momento, los cielos se abrieron y una voz le habló al hombre.

—Mira a tu alrededor y dime lo que ves —dijo la voz.

El hombre miró a su alrededor y le contestó a la voz del cielo que veía helechos creciendo en una maceta y también algo de bambú.

—Exactamente. Ahora déjame contarte sobre el helecho y el bambú —respondió la voz del cielo.

El hombre inclinó la cabeza para escuchar atentamente.

—Cuando se sembró la semilla de helecho, estos crecieron muy rápidamente, y se volvieron exuberantes, verdes y hermosos. No obstante, cuando las semillas de bambú fueron plantadas, nada creció durante el primer año. Lo mismo en el segundo año. Y en el tercero. Y el cuarto. No fue sino hasta el quinto año que el primer brote pequeño del bambú surgió.

Entonces la voz del cielo se detuvo, permitiendo que se captara la realidad. Luego continuó con una pregunta:

—¿Qué altura tiene ese bambú que estás mirando?

—Por lo menos cien pies de alto (treinta metros) —respondió el hombre.

—Tienes razón —dijo la voz del cielo—. Y la razón de que el bambú tiene cien pies de altura se debe a que durante los cinco años en que no viste nada, crecía profundamente en el interior. Estaba desarrollando raíces fuertes y profundas debajo de la superficie, donde no se puede ver. La razón por la que estaba penetrando hondo primero es porque sabía que yo había planeado que a la larga tuviera más de cien pies de altura. Sabía cuán alto había concebido llevarlo, y para que pudiera sostener esa altura, tendría que crecer más profundo en el interior, donde nadie podía ver nada en absoluto.

Amigo, si Dios está tardando un largo tiempo con usted en su desvío, es porque Él está tratando de llevarlo más profundo en el interior primero. Está intentando desarrollarlo y fortalecerlo para mantener el destino que le tiene reservado.

Su plan para usted es grande. Su llamado para usted es alto. Su propósito para usted será algún día volar. No obstante, así como usted no puede construir un rascacielos sobre los cimientos de un gallinero, no puede colocar un destino divino sobre un alma superficial. Mientras más altas sean sus montañas, más profundos sus valles parecerán. Y los caminos difíciles a menudo conducen a los destinos más magníficos.

CAPÍTULO NUEVE

El perdón de los desvíos

Dos monjes iban en camino a un destino particular. En su viaje tenían que cruzar un río poco profundo para llegar a donde iban. Sin embargo, cuando llegaron al río, se encontraron con una mujer mayor y fornida sentada a la orilla del mismo. Ella estaba sentada allí llorando, y entonces los dos monjes le preguntaron qué pasaba. La mujer procedió a decirles que no podía cruzar el río.

Estaba demasiado asustada para hacerlo sola.

Los dos monjes sintieron simpatía por la anciana, así que se ofrecieron a llevarla hasta la otra orilla del río. Juntos la levantaron y empezaron a caminar por el agua, cruzando con ella hasta el otro lado. Una vez que llegaron allí, la anciana les dio las gracias profusamente y luego siguió su camino. Los dos monjes continuaron hacia su destino. No obstante, mientras estaban caminando, uno de los monjes comenzó a quejarse de dolor en su espalda.

—¡Vaya! Llevar a esa mujer a través del río fue realmente difícil. Ahora me duele mucho la espalda —murmuró.

—Bueno, sigamos. Tú puedes hacerlo —respondió el otro monje dándole aliento.

—No —replicó el monje quejumbroso—. No puedo. No puedo continuar. Llevar a esa mujer fue difícil. Me duele demasiado.

El monje hizo una pausa y luego le preguntó a su amigo:

—¿No estás lastimado también?

—No, me deshice de ella desde hace cinco millas (ocho kilómetros) —contestó su compañero.

Muchos de nosotros no alcanzamos nuestros destinos porque estamos aún sintiéndonos cargados por el dolor del pasado. El peso del ayer nos sigue abrumando hoy, impidiéndonos movernos libremente en el mañana. Nada, y quiero decir nada, le impedirá llegar a su destino como esa cosa llamada falta de perdón.

La falta de perdón incluye aferrarse al dolor pasado, las heridas pasadas, los rencores pasados... la pesadez del arrepentimiento, el remordimiento y la venganza. La falta de perdón es eso que por encima de todo lo demás bloqueará el avance en su vida, llevándolo desde donde está hasta donde se supone que debe ir.

Cuando usted se aferra al peso del ayer, obstaculizará el progreso hacia el mañana. La falta de perdón es el aspecto crucial que debe ser tratado si va a alcanzar su destino.

Si alguien tenía derecho a estar enojado, amargado y a guardar rencor, era José. Él creció en una familia disfuncional bajo un padre disfuncional, fue arrojado a un pozo, vendido como esclavo, encarcelado injustamente, y luego olvidado. Si alguien tenía derecho a estar enojado y a exclamar: «¡La vida no es justa!», era José. Su vida llena las páginas desde el capítulo 37 al 50 de Génesis, así que es obvio que Dios quería que aprendiéramos de este hombre. Él quería que le prestáramos atención a las lecciones de vida de José. Dios le dedicó tanto del primer libro de la Biblia porque quería mostrarnos los componentes esenciales para vivir una vida de destino. Y uno de esos componentes críticos con los que José tuvo que lidiar —y con el que usted y yo tendremos que lidiar si alguna vez vamos a salir de nuestros desvíos y llegar al destino que Dios diseñó para nuestra vida— es este asunto del perdón.

José tuvo que enfrentarlo. Él tuvo que lidiar con eso. En realidad, vemos que esto se reconoce en Génesis 50:15–17:

> Viendo los hermanos de José que su padre era muerto, dijeron: Quizá nos aborrecerá José, y nos dará el pago de todo el mal que le hicimos. Y enviaron a decir a José: Tu padre mandó antes de su muerte, diciendo: Así diréis a José: Te ruego que perdones ahora la maldad de tus hermanos y su pecado, porque mal te trataron; por tanto, ahora te rogamos que perdones la maldad de los siervos del Dios de tu padre. Y José lloró mientras hablaban.

La respuesta de José nos deja saber que él no había crecido emocionalmente frío. No había elegido una vida llena de cinismo al lidiar con el dolor que enfrentó. Todavía se permitía sentir a pesar de las pérdidas que había experimentado en su vida. Él no había cortado con el pasado; más bien, había aprendido a percibirlo. Había aprendido a aceptarlo en alineación con la providencia de Dios, a pesar de que el dolor obviamente aún estaba allí.

El perdón no significa que ya no sienta dolor. Tampoco significa olvidar los hechos de lo que sucedió. El perdón significa que ya no tienes a la situación o la persona como rehén por el dolor que le causaron.

> *El perdón no significa que ya no sienta dolor.*

A muchos de nosotros se nos está impidiendo alcanzar nuestro destino porque hemos sido tomados como rehenes por medio de una atadura alrededor de nuestra alma llamada falta de perdón.

Esta atadura se mantiene tirando de nosotros una y otra vez. Damos un paso adelante solo para ser tironeados hacia atrás dos pasos. Tal vez fue algo que sucedió en su infancia, o quizás se trató de una pareja emocionalmente ausente o abusiva. Tal vez usted fue abandonado, descuidado, o incluso degradado injustamente o despedido. Podría tratarse de una multitud de cosas. Pero sea lo que sea, lo está teniendo como rehén. No obstante, hoy quiero verlo libre.

En primer lugar, muchos de nosotros definimos erróneamente este concepto del perdón. Y cuando está mal definido, nunca experimentamos en verdad sus beneficios. O realmente no sabemos si lo hemos hecho. El perdón, bíblicamente hablando, es la decisión de no acreditar una ofensa contra un ofensor. Es un término matemático, técnicamente hablando. Es por eso que cuando lo escuchamos en el padrenuestro está conectado de manera específica a las deudas. Le pedimos a Dios que perdone nuestras deudas, así como nosotros perdonamos a nuestros deudores. Esto es como un error en una calculadora donde dos números se han agregado incorrectamente, y debes presionar una tecla de reinicio para comenzar de nuevo.

El perdón tiene mucho más que ver con una decisión que con un sentimiento. Este no se trata de cómo se siente en un momento dado; tiene que ver con si usted ha tomado la decisión de eliminar la ofensa. Usted puede preguntarse cómo va a saber si ha tomado esa decisión, ya que no puede evaluarla según sus sentimientos. ¿Cómo sabe que ha perdonado en realidad en lugar de simplemente decir que lo ha hecho?

Una excelente medida de calificación para ayudarlo a saber si en verdad ha perdonado la ofensa y al ofensor es preguntarse: «¿Todavía estoy buscando venganza?». Si busca venganza o un desquite, o si se deleita en el dolor del ofensor o sus malas circunstancias, entonces aún no ha perdonado. Todavía no ha liberado a esta persona del dolor que le ha causado.

Tenga en cuenta que esto también se aplica a usted mismo. Demasiados creyentes viven bajo el peso de la culpa y la vergüenza y no son capaces de perdonarse a sí mismos. Esto puede conducir a un comportamiento destructivo que puede abarcar desde el gasto excesivo, comer en exceso y beber en exceso hasta otros métodos de dañarse a sí mismo.

El verdadero perdón implica liberarse de la amargura del enojo y la ira. Si busca venganza o la desea, entonces el perdón no ha tenido lugar, porque el amor «no guarda rencor» (1 Corintios 13:5). Esto no significa que disculpe los errores, o incluso finja que no sucedieron. Tampoco significa que los ignore.

En el ejemplo de José podemos ver que sintió un gran dolor. Él lloró, incluso décadas después. No obstante, lo que el perdón sí significa es que ha hecho la decisión de no relacionarse más con la persona o las personas, o incluso usted mismo, basándose en la infracción.

Dos tipos de perdón

El perdón puede operar en dos niveles. Hay un perdón unilateral y un perdón transaccional. El perdón unilateral ocurre cuando perdona a alguien y sin embargo la persona no lo ha buscado, solicitado o incluso no se ha arrepentido de lo que le hizo a usted. Unilateralmente significa que por su cuenta, sin la participación del otro, usted elige concederle el perdón.

Ahora bien, ¿por qué le concedería a alguien un perdón que no quiere y ciertamente no merece? La razón por la que concede el perdón unilateral es para que pueda seguir avanzando. El perdón unilateral le impide ser rehén de algo que la otra persona nunca puede enmendar. Tal vez la ofensa sea tan pequeña que no es un gran problema para la otra persona, o tan pequeña que usted no quiere que salga a relucir. O quizás la persona que lo lastimó ha fallecido, y la oportunidad de disculparse ya no está ahí.

El siguiente no es un ejemplo profundo y personal de la necesidad de perdonar a alguien unilateralmente, pero creo puede arrojar luz sobre cómo y por qué debemos hacer esto. Hace algunos años, un conductor de otro vehículo golpeó mi auto y luego abandonó el lugar a toda velocidad. Era un caso clásico de choque con fuga. Se fue tan rápido que no pude ver la matrícula o incluso la marca y el modelo del auto. Todo lo que sabía era que mi auto ahora tenía una gran abolladura y la persona responsable no estaba por ninguna parte. No me dijo que lo sentía.

No me ofrecieron ninguna ayuda con el seguro. Solo dañó mi auto y se fue.

Ahora dependía de mí arreglar la abolladura en mi automóvil, pero demoré en hacer esto más tiempo del que hubiera debido. Lo admito, no quería tener que arreglar una abolladura que no causé. Mi terca frustración me impidió reparar mi auto, pero solo yo fui castigado como resultado. La persona que causó la abolladura nunca lo supo. Esa persona nunca tuvo que verlo así. Yo fui el que se vio obligado a subir a un auto abollado todos los días, acordándome de lo que había sucedido y sintiéndome frustrado una y otra vez.

Estaba siendo rehén de una persona que ni siquiera conocía. Muchas personas viven con abolladuras en sus almas que no han perdonado.

El perdón unilateral significa que perdono para poder seguir adelante. Perdono para que pueda dejar las cosas pasar. Perdono para que pueda arreglar la abolladura. Cuando Esteban fue apedreado hasta morir como se registra en Hechos 7, le pidió a Dios que perdonara a los que le causaban la muerte, incluso en el mismo momento en que se encontraban haciéndolo. Todavía lo estaban apedreando y él los perdonó. ¿Adivina qué sucedió cuando hizo eso? Miró hacia arriba y vio el cielo abierto y a Jesús a la diestra del Padre. ¿Por qué es importante saber esto? Porque nos revela que el perdón nos da un nuevo nivel de acceso a Dios. Le permite una relación más íntima con el Salvador. Le ofrece esperanza en medio del daño y paz en los problemas.

Nunca considere el hecho de que la persona que lo lastimó no haya pedido perdón, ni demostrado que lo merecía. Usted tiene que perdonar para que ya no sea rehén de una ofensa, persona, circunstancia o pérdida. Por medio de un acto de su decisión, libérese para que pueda seguir avanzando a su destino. Nada lo mantendrá más como rehén en sus desvíos y por lo tanto le impedirá llegar a su destino como la falta de perdón.

Perdón es una palabra hermosa cuando usted lo necesita. Y es una palabra fea cuando tiene que darlo. Sin embargo, representa un puente que todos debemos cruzar, y ciertamente uno que nunca deberíamos incendiar. Perdonamos a otros porque también necesitamos el perdón, de Dios y de aquellos a quienes ofendemos (Mateo 6:14–15).

Usted se estará preguntando: «¿Qué sucede con el dolor?». Si perdona a alguien y todavía siente el dolor, eso no puede ser justo, ¿verdad? Es posible que no sea justo, pero lo liberará.

En Inglaterra existen magníficas iglesias con magníficas campanas que suenan fuerte y claro a través de toda la campiña. La hermana de mi esposa vive en Inglaterra, así que cuando la visitamos siempre me maravillo de estas enormes iglesias y sus campanas. Una cosa interesante sobre los campanarios de estas iglesias es que la campana está colgada de una cuerda. Para que esta suene, antiguamente era necesario que alguien subiera a la cima del campanario, agarrara la cuerda y comenzara a balancearla. A medida que la cuerda se balanceaba, la campana emitía un fuerte sonido. ¿Pero sabe qué ocurría cuando la persona finalmente soltaba la cuerda? La campana seguía sonando.

Esto se debía a que el impulso de los balanceos pasados mantenía a la campana moviéndose. Ahora bien, la campana no golpearía tan fuerte cada vez, así que el sonido sería menos fuerte. Sin embargo, continuaría sonando, porque a veces se necesita tiempo para que los movimientos y balanceos pasados finalmente disminuyan y llegar a estar quieto.

Quiero decirle algo muy importante sobre el perdón. El

perdón no detiene el sonido de la campana. No hace que el dolor desaparezca. Pero permite soltar la cuerda. Hace posible distanciarse de la ofensa lo suficiente para que el impulso natural de la vida y las emociones disminuyan y finalmente estar en paz. El dolor se aplacará con el tiempo, siempre y cuando no levante la cuerda y la vuelva a hacer sonar.

Deseo que usted se libere para alcanzar su destino. Quiero que se deshaga de las ofensas y errores cometidos contra usted. Deje la venganza en las manos de Dios. Él es mucho mejor en eso que nosotros de todos modos. Concédase usted mismo la libertad que tan desesperadamente necesita y tan divinamente merece, lo cual le permitirá vivir plenamente el destino que ha sido creado para cumplir. Perdone. Deje las cosas pasar. Acepte que el plan perfecto de Dios involucra el dolor del pasado, y Él llevará a cabo su buen propósito.

Luego camine en la plenitud de su llamado para usted.

CAPÍTULO DIEZ

El placer de los desvíos

En el capítulo anterior vimos la primera forma de perdón que vamos a considerar, que es el perdón unilateral. Este tiene lugar cuando perdona a alguien que no lo ha pedido, no ha demostrado tener un corazón lleno de remordimiento, o tal vez incluso no ha dejado de cometer la ofensa. El perdón unilateral se concede para que usted no tenga que ser mantenido como rehén de las emociones amargas y debilitantes de la ira, el resentimiento y el miedo.

Sin embargo, también hay una segunda forma de perdón que quiero considerar, como modeló la vida de José. Esta se llama perdón transaccional. El perdón transaccional se manifiesta cuando hay un deseo de reconciliación y el arrepentimiento ha tenido lugar. Es cuando la persona o las personas que lo han ofendido están dispuestas a confesar que se actuó mal y a tratar de restaurar lo que se ha roto. Este tipo de perdón restablece la relación.

El perdón transaccional es impulsado por la reconciliación.

No obstante, el perdón transaccional necesita ser probado primero, en dependencia de la severidad de la ofensa.

Los hermanos de José querían ser perdonados. Ellos le expresaron su arrepentimiento a José, pero él no confió en sus palabras. Una persona siempre puede decir: «Lo siento» y no hablar en serio. Una persona puede disculparse debido a una situación en la que se encuentra, o simplemente para intentar superar la ofensa o sus consecuencias. Las palabras solas no llevan el peso que las acciones revelarán. Es sabio que las confesiones sean probadas para ver si se trata de un verdadero arrepentimiento, que es exactamente lo que vemos a José haciendo en Génesis 42. Él puso a sus hermanos a prueba para ver si sus corazones habían cambiado desde los años anteriores cuando querían hacerle daño debido a sus propios celos. He aquí la prueba:

> En esto seréis probados: Vive Faraón, que no saldréis de aquí, sino cuando vuestro hermano menor viniere aquí. Enviad a uno de vosotros y traiga a vuestro hermano, y vosotros quedad presos, y vuestras palabras serán probadas, si hay verdad en vosotros; y si no, vive Faraón, que sois espías. (vv. 15–16)

Además, esta prueba no sería la única que José les pondría. Más tarde, colocó su copa en la bolsa de Benjamín para hacer parecer que se la había robado y ver si los hermanos lo sacrificaban o intentaban defenderlo a fin de devolver el hogar al nuevo «hijo favorito» de su padre. Tales pruebas, las cuales los hermanos pasaron, demostraron que realmente habían madurado y se arrepentían de sus malos caminos anteriores. Esta es la razón por la cual la Biblia dice que debemos ver los «frutos del arrepentimiento». Un fruto es algo que usted y yo podemos ver, tocar y probar. Es visible. Las palabras no pueden resolver todo. El arrepentimiento debe implicar un cambio de acción para que sea real.

De acuerdo, todas las relaciones no pueden ser restauradas. Algunas solo pueden ser restauradas hasta un cierto punto. Sin embargo, en el perdón transaccional se busca algún tipo de restauración. Usted intenta reiniciar la relación tanto como las circunstancias lo permitan. Esta es una realidad para ambas partes también. No se trata solo de que el ofendido se pare ahí pidiendo ver los frutos del ofensor. Ambas partes deben demostrar que el arrepentimiento y el perdón han tenido lugar.

Veo esto demasiado a menudo en el asesoramiento a las parejas casadas, cuando una persona se arrepiente de una ofensa y se lamenta legítimamente, y la otra persona ofrece perdón, pero solo de palabra. En los siguientes días, semanas e incluso meses, la parte ofendida retiene el afecto, ofrece palabras mordaces o mantiene una postura sospechosa. Incluso pueden ir a ver a sus amigos y contarles sobre la situación negativa en busca de simpatía o para compartir la indignación. No obstante, la historia de José y la vida que él modeló para nosotros nos muestran lo que significa verdaderamente perdonar. Este pasaje contiene varios versos, pero leámoslos todos juntos para preservar el contexto de las acciones de José:

No podía ya José contenerse delante de todos los que estaban al lado suyo, y clamó: Haced salir de mi presencia a todos. Y no quedó nadie con él, al darse a conocer José a sus hermanos.

Entonces se dio a llorar a gritos; y oyeron los egipcios, y oyó también la casa de Faraón.

Y dijo José a sus hermanos: Yo soy José; ¿vive aún mi padre? Y sus hermanos no pudieron responderle, porque estaban turbados delante de él.

Entonces dijo José a sus hermanos: Acercaos ahora a mí. Y ellos se acercaron. Y él dijo: Yo soy José vuestro hermano, el que vendisteis para Egipto. Ahora, pues, no os entristezcáis, ni os pese de haberme vendido acá; porque para preservación de vida me envió Dios delante de vosotros. Pues ya ha habido dos años de hambre en medio de la tierra, y aún quedan cinco años en los cuales ni habrá arada ni siega. Y Dios me envió delante de vosotros, para preservaros posteridad sobre la tierra, y para daros vida por medio de gran liberación. Así, pues, no me enviasteis acá vosotros, sino Dios, que me ha puesto por padre de Faraón y por señor de toda su casa, y por gobernador en toda la tierra de Egipto.

Daos prisa, id a mi padre y decidle: Así dice tu hijo José: Dios me ha puesto por señor de todo Egipto; ven a mí, no te detengas. Habitarás en la tierra de Gosén, y estarás cerca de mí, tú y tus hijos, y los hijos de tus hijos, tus ganados y tus vacas, y todo lo que tienes. Y allí te alimentaré, pues aún quedan cinco años de hambre, para que no perezcas de pobreza tú y tu casa, y todo lo que tienes. He aquí, vuestros ojos ven, y los ojos de mi hermano Benjamín, que mi boca os habla. Haréis, pues, saber a mi padre toda mi gloria en Egipto, y todo lo que habéis visto; y daos prisa, y traed a mi padre acá.

Y se echó sobre el cuello de Benjamín su hermano, y lloró; y también Benjamín lloró sobre su cuello. Y besó a todos sus hermanos, y lloró sobre ellos; y después sus hermanos hablaron con él. (Génesis 45:1–15)

Esta breve reseña de las acciones y reacciones de José en presencia de aquellos que casi habían acabado con su vida resulta notable. La misma arroja luz sobre varias facetas del perdón, una de las cuales es cómo saber si realmente usted mismo ha perdonado a alguien.

He aquí cómo puede saber que ha perdonado verdaderamente a alguien. Para empezar, *no inmiscuya en la situación a otras personas que no tienen nada que ver con el pecado.*

Observe que José les pidió a todos los demás que salieran de la habitación antes de comenzar a hablar con sus hermanos sobre lo que habían hecho. Usted puede siempre saber si una persona que dice haber perdonado a alguien en realidad no lo ha hecho: *ella chismeará.* Involucrará a otros en el problema o el conocimiento del problema que no tienen nada que ver con el asunto. Incluirá a personas que no pueden incluso arreglar el conflicto. Esto se debe a que buscan venganza, no perdón. Además, están promoviendo el pecado del chisme.

El perdón auténtico no le da participación en situaciones y conversaciones a gente que no tiene nada que ver con el asunto. José dejó a los egipcios afuera. Él no buscó avergonzar o humillar a nadie.

No buscó tener los oídos comprensivos de otras personas. No

encontró consuelo en la cantidad de gente que lo apoyaba. José meramente despidió a las personas que no eran parte de lo que estaba sucediendo e intentó resolver el problema él mismo.

Una segunda forma en que puede saber que realmente ha perdonado a alguien es *cuando intenta hacer que el ofensor se sienta a gusto con usted.*

José les pidió a sus hermanos que se acercaran a él. Usualmente, cuando usted sigue teniendo resentimiento contra alguien, le gusta mantenerse tan lejos como pueda. Si la persona entra en la habitación, usted camina hacia el otro lado. Si se sientan en una mesa, usted elige la silla más alejada. José no hizo nada de eso. Por el contrario, les pidió a sus hermanos que se acercaran. ¿Puede imaginarse pidiéndole a alguien que lo ha herido significativamente que se le acerque?

Ese solo pensamiento puede causarle dolor o temor. Sin embargo, el verdadero perdón crea un espacio al que el ofensor que se ha arrepentido puede venir libremente y sentirse seguro.

Una tercera forma en que puede discernir que realmente ha perdonado a alguien es *cuando intenta ayudar al ofensor a perdonarse a sí mismo también.*

Observe de nuevo en el pasaje que vimos antes que José les dijo a sus hermanos que no se preocuparan o enojaran con ellos mismos por lo que le hicieron. Obviamente estaban molestos por lo que habían hecho y lo lamentaban. Pero una vez que pasaron la prueba de José para saber si su arrepentimiento era auténtico, él quería que también se perdonaran a sí mismos. José no acumuló más culpa encima de la que ellos ya sentían. En realidad, trató de eliminar la culpa que los agobiaba para que pudieran estar seguros de sí mismos y respirar libremente también.

¿Cómo José fue capaz de hacer eso? La respuesta se remonta

a su punto de vista de la providencia de Dios. Entendemos esto cuando les dice que no se entristezcan o lamenten por haberlo vendido. Y seguidamente les recuerda que fue Dios quien lo envió allí. Es posible que ellos lo hayan vendido, pero Dios intencionalmente usó eso para enviarlo a ese lugar. Era la voluntad de Dios para él que fuera. Ellos no eran más que piezas de un rompecabezas complejo en la divina providencia del Señor.

Cuando usted tiene el punto de vista de que Dios puede usar incluso el desastre para llevarlo a su destino, eso le permite ayudar a las personas culpables a perdonarse a sí mismas. Dios usó las acciones incorrectas de estas personas para promocionarlo a donde Él quería que estuviera. No obstante, si no tiene ese punto de vista en cuanto a Dios, continuará buscando su propia venganza.

Hay una cosa más que hizo José que puede ayudarnos a entender y reconocer el verdadero perdón en nosotros mismos y los demás. Él les pidió a sus hermanos que fueran a casa y le dijeran a su padre que su hijo José estaba bien. Lo que no dijo aquí es en realidad más revelador que lo que dijo. Él *no* les pidió a sus hermanos que le confesaran a su padre lo que habían hecho. *No* le envió una nota a su padre contándole sobre sus hermanos y delatándolos. Por el contrario, José los protegió de más dolor y vergüenza. La razón por la que pudo hacer esto fue porque realmente los había perdonado.

Amigo, si está aferrado a una mentalidad de venganza, o si desea que alguien se sienta y viva bajo la vergüenza de lo que ha hecho, podría estar bloqueando el movimiento de Dios para llevarlo hacia su destino. El Señor dice que la venganza es suya, y cuando tratamos de buscarla nosotros mismos, Él nos lo permite. Nuestra venganza resulta inferior en comparación con lo que el Señor realmente puede hacer, y en verdad por lo general termina solo haciéndonos daño a nosotros.

Cuando fallamos en perdonar, Dios también nos permite permanecer atrapados en el desvío del desarrollo hacia la madurez, la fe y la liberación. Y Él nos permitirá permanecer allí hasta que finalmente lo entendamos. Hasta que finalmente pasemos la prueba. Hasta que finalmente maduremos al punto de confiar en el cuidado providencial de Dios.

Tenga en cuenta que el perdón nunca significa pasar por alto una ofensa o ignorarla. José no pretendió creer que lo que sus hermanos habían hecho nunca sucedió. Él lo sacó a la luz. «Ustedes todos me vendieron», es lo que él hubiera dicho si viviera en Texas como yo. «Ustedes todos hicieron esto, y lo hicieron para causar daño». Sin embargo, solo porque él lo sacó a relucir no significaba que continuara albergando sentimientos negativos relacionados con el asunto. José sabía que cualquier cosa que le sucediera tenía que pasar por los dedos de Dios primero. Así que pudo reconocer la realidad del dolor pasado, pero al mismo tiempo hacer referencia a la redención actual.

Ayudas en el camino del perdón

Lo que José atravesó fue profundo.
Traición.
Abandono.
Mentiras.
Acusación.
Trabajo penoso.
Y mucho más.
No obstante, hubo cosas que Dios trajo a la vida de José que

lo ayudaron a perdonar. No, lo que le sucedió no estuvo correcto y no fue justo, pero el Señor le dio gracia a lo largo del camino. El Señor lo estableció sobre un suelo fértil para el perdón, porque le proveyó a José cosas que realmente importaban.

En Génesis 41:50–52, obtenemos una idea de lo que fueron algunas de estas cosas:

> Y nacieron a José dos hijos antes que viniese el primer año del hambre, los cuales le dio a luz Asenat, hija de Potifera sacerdote de On. Y llamó José el nombre del primogénito, Manasés; porque dijo: Dios me hizo olvidar todo mi trabajo, y toda la casa de mi padre. Y llamó el nombre del segundo, Efraín; porque dijo: Dios me hizo fructificar en la tierra de mi aflicción.

José pudo haber perdido a su primera familia, pero Dios le dio una nueva. Su familia original puede haberlo dañado, pero su nueva familia le causó bien. Sabemos esto por los nombres que les dio a sus hijos. Uno fue nombrado Manasés, lo que significaba que Dios lo había hecho olvidar todos sus problemas. El otro fue nombrado Efraín, que quería decir que Dios lo hizo fructífero en el mismo lugar donde una vez había sido afligido.

La manera en que José se recordaba a sí mismo desde cuán lejos Dios lo había traído y que ya no permanecía siendo rehén de su antigua familia y su viejo dolor era considerando los nombres de sus hijos. Cada vez que José llamaba a Manasés —ya fuera para cenar, corregirlo o enviarlo a la escuela— literalmente decía: «Dios me ha ayudado a olvidar, Dios me ha ayudado a olvidar, Dios me ha ayudado a olvidar, ¡Dios me ha ayudado a olvidar!».

El nombre que José le dio a ese niño significaba exactamente lo que necesitaba que Dios le recordara.

No obstante, usted puede preguntar: «¿Cómo puedo olvidar lo que me hicieron?». Permítame aclarar algo para empezar; José nunca olvidó lo que le habían hecho. Más tarde se los recordó. Lo que José olvidó fue el dolor. Él ya no vivía bajo el yugo del dolor. Sí, él recordaba a su antigua familia, quiénes fueron y qué hicieron. Sin embargo, cómo se sentía con respecto a lo que habían hecho era algo diferente. A medida que usted avanza de su pasado a su destino, busque al Manasés en su vida. Busque lo que el Señor le está dando para ayudarlo a olvidar el dolor del pasado. Usted puede superar el dolor.

Una forma en que Dios ayudó a José a superar el dolor se encuentra en el nombre de su segundo hijo, Efraín. Como vimos antes, *Efraín* quería decir: «Dios me hizo fructificar en la tierra de mi aflicción». Efraín le recordó a José que Dios lo estaba bendiciendo justo donde se encontraba en ese momento. Como verá, si se encasilla tanto en el pasado que no percibe la bondad de Dios en este momento, se quedará atrapado en la falta de perdón.

Dios tiene una manera de bendecirlo exactamente donde experimentó más el dolor. José dijo que había sido hecho fructífero «en la tierra de mi aflicción». Dios no lo llevó a un lugar nuevo y le dio un nuevo comienzo. Sin duda, José habría visto a Potifar e incluso a la esposa de Potifar de vez en cuando. Las mismas personas que lo dejaron pudriéndose en la cárcel tuvieron que ver a José llegar a ser el segundo al mando. Dios tiene una forma de preparar una mesa delante de usted en presencia de sus enemigos y de hacer de ellos el estrado de sus pies.

Aunque es posible que haya tenido un ayer muy malo, Dios sabe cómo darle un presente brillante. Busque al Efraín que Él está poniendo en su camino y su vida. Cuando usted les da vida a Manasés y Efraín, y los llama todos los días, eso lo ayuda a liberarse del dolor del pasado. No excusará el dolor, pero lo liberará del mismo. Usted puede olvidar. Puede ser fructífero, incluso en el mismo lugar o con las mismas personas que no esperaba serlo jamás. En cada lugar, trabajo, situación o familia que nunca pensó que lo sería.

Ese es el poder del perdón. El perdón lo lleva al reino de lo sobrenatural.

Lo inverso también es cierto. La falta de perdón le impide el paso al reino de lo sobrenatural.

Debido a que todos necesitamos el perdón, no ofrecérselo a otra persona en realidad le impide recibir el perdón relacional de Dios. *Perdón* es una palabra hermosa cuando lo necesita. Es una palabra fea cuando tiene que concederlo. No obstante, todos necesitamos ambas cosas.

Amigo, Dios reciclará su dolor. Él lo reciclará y lo transformará según su propósito. Se lo prometo porque Él lo promete. Usted tiene un Dios providencialmente soberano que puede anular y revertir lo que le ha sucedido.

Él puede llevarlo a un destino gratificante, satisfactorio y lleno de alegría, no solo a pesar de lo que le han hecho, sino debido a eso.

CAPÍTULO ONCE

La providencia de los desvíos

 Uno de los conceptos principales que debemos evitar es el de la suerte (o de sus hermanos: azar, sino y casualidad). Regularmente usamos la palabra *suerte* en nuestras conversaciones diarias. Sé que a veces lo hacemos de forma inocente, porque la hemos escuchado mucho. Sin embargo, desafortunadamente el término no solo ha encontrado su camino hasta nuestro vocabulario, sino también hasta nuestra mentalidad. Como esto es así, hemos comenzado a ver las cosas desde el punto de vista de la suerte en lugar de tener en cuenta a la providencia divina.

Hablamos de tener buena suerte. Decimos que alguien es un

suertudo. Le pedimos a la gente que nos desee suerte. Hablamos de pura suerte, doña suerte, difícil suerte, buena suerte, mala suerte, suerte ciega, peor suerte, estrellas de la suerte y amuletos de la suerte. La suerte implica el concepto de ver los acontecimientos como cosas aleatorias que suceden y afectan la vida, la fortuna, el futuro o muchos otros aspectos de la vida de una persona. Es esa fuerza inanimada que aparece de manera inesperada, imprevista, ya sea para nuestro beneficio o nuestro daño. Y demasiados de nosotros abrazamos esta mentalidad como una forma primaria de pensar.

Algunos llegan incluso a tener símbolos que reflejan nuestra dependencia de la suerte. Como la pata de conejo que cuelga del espejo retrovisor. Ahora bien, tenga en cuenta que este conejo fue tan desafortunado que no pudo incluso conservar su propia pata. No obstante, nuestro deseo de tener esta fuerza —que no podemos asir, a la cual no podemos aferrarnos, con la que no podemos contar o que incluso somos incapaces de abrazar— domina gran parte de nuestro pensamiento. Queremos esta fuerza con nosotros. Queremos tener la suerte en el sorteo. Pero cuando mira a la suerte, ha contemplado a un ídolo. Cuando usted o yo buscamos algo, a alguien, o alguna fuerza que no sea Dios mismo para resolver nuestros asuntos, esa cosa se convierte en un ídolo. Se convierte en una herramienta que Satanás usa para alejar su fe, esperanza y confianza de Dios y dirigirlas hacia el azar.

Los desvíos son decepcionantes. Los desvíos son molestos. A menudo los desvíos son incluso confusos. Sin embargo, demasiadas personas decepcionadas, molestas y confundidas están hoy tratando de tener suerte en su camino a su destino en lugar de buscar lo que Dios está haciendo en el desvío para llevarlos hasta allí. Esperan que si acaban de encontrar las fuerzas positivas suficientes, esto de alguna manera producirá un concepto amorfo que hará que la vida resulte como ellos quieren que sea.

José no visualizó su salida de la prisión. No hay un relato de él meditando en su salida o utilizando afirmaciones positivas para escapar. La Biblia no nos dice que estuvo sentado en la cárcel repitiendo una y otra vez: «Soy un hombre libre, soy un hombre libre, soy un hombre libre».

Ahora bien, el pensamiento positivo alienta la mente y el espíritu, y es algo saludable para hacer. Pero cuando pone su fe en la canasta del poder de su propia mente para resolver su destino, usted mismo se ha establecido como un ídolo también.

Lo que leemos sobre el tiempo que José pasó en la cárcel se enfoca más en Dios que en José. La Escritura nos dice:

- El Señor estaba con José (Génesis 39:21, 23).
- El Señor le extendió su misericordia (v. 21).
- El Señor le dio gracia (v. 21).
- El Señor prosperó todo lo que él hacía (v. 23).

Fue Dios quien sacó a José de la cárcel.

Fue Dios quien le consiguió un trabajo a José.

Fue Dios quien demostró control al no moverse demasiado pronto mientras el carácter de José estaba siendo formado.

Fue Dios quien vio el final desde el principio y orquestó todo lo necesario para llevar a José a los desvíos que lo condujeron directamente a un destino de proporciones épicas. En realidad, cuando Esteban repasa la vida de José en el libro de los Hechos, él revela el secreto de su éxito cuando dice: «Pero Dios estaba con él» (Hechos 7:9).

Fue Dios quien organizó las circunstancias siempre y en definitiva a favor de José. Sin embargo, la palabra que usamos cuando nos referimos al control soberano de Dios y la organización de la vida no es suerte. Es otra palabra, una palabra puntuada por la verdad y postulada con exactitud. Esa palabra es *providencia*. La providencia es la mano de Dios en el guante de la historia.

La providencia es una de las cosas más importantes que usted necesita conocer en su experiencia cristiana. Lo primero y más importante, por supuesto, es el evangelio. Usted necesita saber cómo llegar a la fe en Jesucristo para su destino eterno a través del perdón de sus pecados. Eso es lo más importante que debe saber.

No obstante, siguiendo a la verdad de la salvación —como la segunda cosa más importante que debe saber en su vida cristiana— está el concepto de la providencia. En 1 Timoteo 6:15 se nos recuerda que Dios es el gobernante sobre todo y trae todo en su tiempo perfecto. Leemos: «En el momento preciso, Cristo será revelado desde el cielo por el bendito y único Dios todopoderoso, el Rey de todos los reyes y el Señor de todos los señores» (NTV).

> *No obstante, siguiendo a la verdad de la salvación —como la segunda cosa más importante que debe saber en su vida cristiana— está el concepto de la providencia.*

La soberanía de Dios significa que Él es el absoluto gobernante, controlador y sustentador de su creación. Es el que tiene la última palabra. Nada, absolutamente nada, queda fuera de la soberanía de Dios. No hay acontecimiento que Él no dirija. No hay situaciones que sucedan que Él no cree o permita.

Tu jefe no tiene la última palabra.

Tu pareja no tiene la última palabra.

Tus padres no tienen la última palabra.

Tu salud no tiene la última palabra.

Incluso tú no tienes la última palabra. Dios creó este mundo y todo lo que está en él, y gobierna sobre todo.

Providencia es una palabra que expresa una de las formas clave en que Dios demuestra su soberanía en conexión con su disposición intencional de las personas, las circunstancias y los sucesos para lograr sus propósitos soberanos. La soberanía se relaciona con el gobierno de Dios. La providencia tiene que ver con cómo Dios usa ese gobierno con el fin de integrar, conectar, asociar, separar, organizar y relacionar las cosas para facilitar sus propósitos. La Biblia es clara en cuanto a que Dios hace todas las cosas «según el designio de su voluntad» (Efesios 1:11). La Escritura afirma inequívocamente que los planes de Dios no pueden ser frustrados. Así que a la luz de esta verdad, una realidad que nunca puede existir es la existencia simultánea de soberanía y suerte. Las dos no pueden nunca combinarse. Cuando existe un Dios soberano que controla todo, no puede haber sucesos aleatorios al mismo tiempo (suerte) que le den forma al universo. Una cosa excluye a la otra.

Lo que usted puede sentir que es suerte o llama suerte nunca lo es. Tal como la oscuridad no puede perdurar donde hay luz, la suerte no puede existir dentro del gobierno de un Dios Creador soberano y providencial.

A lo largo de este libro hemos visto que la vida de José tuvo muchos altibajos. Él está vestido con una túnica de varios colores un día y desnudo en un pozo al día siguiente. Él tiene un gran trabajo un día y es acusado de violación al siguiente. Él está en una prisión, olvidado por alguien a quien ayudó un día, y se encuentra afeitado, bañado y de pie ante Faraón en el palacio al siguiente.

La vida de José puede sentirse como una montaña rusa en muchos niveles diferentes. Si usáramos el concepto de suerte, parecería que este es un hombre que tiene tanto buena como mala suerte. No obstante, cuando entendemos el concepto de la providencia, sabemos que todas las cosas fueron puestas en su lugar *a fin de que obraran juntas para bien* en la vida de José, todas las cosas (Romanos 8:28).

Lo que pudo sentirse como desafortunado algún día, en realidad era Dios cumpliendo su propósito al mover a José hacia su destino. Nosotros no sabemos cuándo José aprendió esta verdad a lo largo de sus desvíos, pero sabemos que lo hizo en algún momento. Nos damos cuenta de ello más adelante en su vida por la respuesta a sus hermanos, los que lo habían arrojado al pozo para que muriera.

En una de las declaraciones personales más profundas y elocuentes de todos los tiempos, José dejó en claro que entendía la providencia: «Ustedes se propusieron hacerme mal, pero Dios dispuso todo para bien. Él me puso en este cargo para que yo pudiera salvar la vida de muchas personas» (Génesis 50:20, NTV). En otras palabras, Dios hizo esto a propósito. Lo que parecía un día desafortunado en realidad era Dios cumpliendo su propósito para llevar a José a su destino.

Amigo, si alguna vez entiende a la providencia —el subconjunto de la soberanía— comenzará a ver toda la vida de manera diferente. Va a comenzar a descansar cuando solía molestarse.

Comenzará a respirar fácilmente cuando solía preocuparse. Comenzará a dar gracias cuando solía estar lleno de amargura o arrepentimiento. Para vivir completamente la vida cristiana victoriosa y experimentar la abundancia que Jesucristo murió para proveer, debe vivir y mirar los acontecimientos de su vida a través de la lente de la providencia.

No sé si usted es un experto en el ámbito de la geometría, la trigonometría, el álgebra, o incluso las fracciones básicas. Sin embargo, puede apostar su último centavo a una cosa: todos descansan en un principio simple, que uno más uno es igual a dos. Si no conoce bien los fundamentos de las matemáticas, como la base de todo lo demás, nunca será capaz de entender las cosas más complicadas, como los cálculos geométricos. Todas las complejidades de las matemáticas se ajustan firmemente a sus fundamentos.

La vida puede sentirse como la trigonometría a veces. Puede sentirse como una prueba geométrica difícil. Las cosas pueden ponerse tan complicadas que simplemente no sean congruentes. No obstante, si comienza con el fundamento de que Dios es soberano y en su soberanía Él providencialmente arregla todas las cosas para lograr su objetivo, entonces tiene la base sobre la cuál resolver correctamente las complejidades que la vida envía a tu camino. Lo que usted, yo y otros podemos ver como sucesos aleatorios, encuentros fortuitos o conexiones arbitrarias son en realidad acontecimientos orquestados según el propósito y el plan de Dios. Déjeme decirlo de otra manera: esta misteriosa cosa llamada providencia significa que Dios está sentado detrás del volante de la historia. A veces nos lleva por la carretera principal. Otras veces por un callejón. A veces parece que vamos en sentido contrario por una calle de una sola vía. No obstante, cualquiera sea el caso, las intenciones de Dios son inmaculadas y sus planes son providenciales.

No todos los desvíos ocurren en las principales vías de la vida, y la providencia de Dios no solo está conectada a las cosas más importantes que nos suceden. Podemos reconocer su mano en las cosas grandes con más facilidad, pero el Señor está íntimamente involucrado en las cosas pequeñas también.

La soberanía es tan completa, y la providencia tan intrincada, que están delicadamente entretejidas a través de cada detalle de la vida. Mateo 10 nos dice que Dios incluso conoce cuántos cabellos tienes en tu cabeza y si pierdes uno. Él conoce a cada gorrión que cae de un árbol. Es fácil ver al diablo en los detalles a veces, pero lo que ayudaría a nuestra perspectiva y nuestras respuestas a la vida sería reconocer que Dios está en ellos aún más. En realidad, el diablo puede ser malo, infame y querer lastimar a alguien. Sin embargo, incluso el diablo tuvo que pedir permiso antes de entrometer su mano en la situación de Job. El diablo está atado con una correa, la correa de Dios; él está bajo la mano soberana de Dios. Los hermanos de José, e incluso el diablo, pudieron haber pensado que estaban frustrando la visión que José había tenido con respecto a su gran posición en su sueño cuando adolescente. No obstante, el mal que pensaron contra él, Dios lo usó para bien.

Lo que puede sorprenderle a usted, no impresiona a Dios. La soberanía significa que Dios nunca dice: «¡Vaya! Me perdí esa». Él no dice eso porque tiene el control de las cosas grandes y las pequeñas, por lo que nada lo sorprende a pesar de que nos sorprenda a nosotros con nuestro pensamiento finito. Romanos 11:33 nos recuerda que los caminos de Dios son «inescrutables». Usted no puede buscar su providencia o planes en Google.

No puede acudir a su computadora y escribir las palabras «los caminos de Dios para mi vida» y conocer los detalles de cómo Él está haciendo lo que planea hacer con usted. Los caminos de Dios están más allá de nuestra capacidad para descubrirlos.

Así que no se sorprenda cuando simplemente lo que Él hace no tiene sentido. No se supone que lo entendamos. Sus caminos no son nuestros caminos, y sus pensamientos son más altos que nuestros pensamientos. Ellos son tan altos como el cielo lo es con respecto a la tierra. La brecha entre nuestro pensamiento y el pensamiento de Dios es infinita. No podemos entenderlo. Él es el Dios *indescifrable e incognoscible*.

Lo único que usted y yo podemos descubrir es lo que Él decide decirnos. No obstante, como un padre no comparte todas las cosas con los niños que está criando, Dios no comparte todo con nosotros. La forma en que Él providencialmente lleva a cabo giros, ajustes, movimientos, maniobras y rodeos está más allá de nuestra capacidad intelectual para incluso comprenderla, descifrarla o discernirla. Es por eso que la fe es tan importante para seguir a Dios. El Señor nos pide que confiemos en Él, porque como José encadenado detrás de un camello caminando a través del desierto, la vida no siempre se ve de la manera en que pensamos que debería verse para llevarnos a nuestro sueño.

Es imposible agradar a Dios apartados de la fe, porque la fe es el sello de la providencia. Si está en un desvío que parece haberlo llevado a otro desvío, el cual solo lo redirigió a un desvío más, tenga fe. Crea y obedezca. Manténgase en la carrera. Permanezca en el camino. Quédese en el auto. Dios tiene una manera de llevarlo, como llevó a José, al palacio o al lugar que le ha destinado.

Confíe en Él, en realidad usted puede estar más cerca de lo que piensa.

CAPÍTULO DOCE

La perfección de los desvíos

 La palabra «intención» significa *una determinación de la voluntad en orden a un fin o propósito en particular*. Probablemente usted haya escuchado a alguien comentar que alguna persona no debería haber dicho o hecho algo con tanta falta de tacto, pero alguien más trató de justificarla diciendo: «Ella tenía una buena intención».

Lo que estaba diciendo es que, aunque lo que la persona dijo o hizo creó una realidad negativa, esa no era su intención. Sus motivos eran puros.

Sin embargo, ese no fue el caso con los hermanos de José cuando le quitaron su túnica y lo arrojaron a un pozo. Tampoco fue ese el caso cuando con avidez lo sacaron del pozo y lo vendieron para obtener un beneficio a los traficantes de esclavos que se dirigían a un país extranjero.

Los hermanos de José tenían cualquier intención menos la de hacerle bien. Ellos tenían la intención de causarle daño. Tenían la intención de arruinar su vida. Tenían la intención de destronarlo de la posición de importancia que él había llegado a creer que un día alcanzaría. Tenían la intención de hacerle mal. En realidad, tenían la intención de obrar con maldad.

Pero Dios.

Esas dos palabras son dos palabras poderosas. Cuando usted se tope con un «pero Dios» a través de la Escritura, preste atención. Lo que viene a continuación por lo general cambiará toda la situación. Especialmente si se agrega «dispuso» después de ellas.

Pero Dios dispuso...

Leemos: «Ustedes se propusieron hacerme mal, pero Dios dispuso todo para bien. Él me puso en este cargo para que yo pudiera salvar la vida de muchas personas» (Génesis 50:20, NTV). Cuando José se enfrentó a sus hermanos después de que Dios había cambiado su situación, eligió esas palabras. Eligió hacerles saber a sus hermanos que Dios había dispuesto que exactamente la misma situación con la que ellos intentaron causarle daño lo llevara a su destino. No quiero que pase esto por alto, porque a menudo cuando pensamos en Dios resolviendo las situaciones para bien, pensamos en Él obrando alrededor de las cosas negativas. Sin embargo, en este caso, Dios nos da un ejemplo de obrar directamente *en* lo negativo.

Los hermanos de José tenían la intención de hacerle daño. Y el mismo mal que ellos usaron, Dios lo empleó para bien. El mismo desastre con que los hermanos de José intentaron lastimarlo es el desastre que Dios dispuso para su bien. Esas son buenas noticias si alguien en alguna ocasión ha hecho algo intencional para herirlo. Es reconfortante saber que incluso las personas malvadas tienen intenciones con respecto a nosotros que Dios utiliza para nuestro bien cuando nos rendimos a su plan. La providencia incluye usar lo negativo para producir lo positivo. La soberanía de Dios no solo incluye cosas buenas, sino también incluye lo malo y lo que otras personas intentan utilizar para hacer daño.

Esto podría ser algo inesperado en cuanto a la forma en que ve las situaciones desfavorables, pero así es como funciona.

Debido a que Dios es soberano, nada sucede fuera de su gobierno. No obstante, dentro de su gobierno, Él ha creado libertad. La libertad significa que usted puede elegir. No hay libertad sin elección. Usted es libre de decir «sí» o decir «no». Es libre de ir o de quedarse. Dios creó la libertad. Sin embargo, ¿cómo puede un Dios soberano controlarlo todo mientras simultáneamente crea la libertad? Déjeme intentar explicarlo a través de una ilustración del fútbol.

En el fútbol hay líneas laterales y líneas de gol, las cuales sirven como límites soberanos. Estos no se mueven. No puede negociar en cuanto a ellos. No puede hacerlos más anchos o estrechos. Son estándares fijos con los cuales se juega el juego del fútbol. Si pisa una línea lateral, está fuera del perímetro. Punto. Porque esta constituye un límite.

No obstante, dentro de esos límites, los equipos son libres de ejecutar sus propias jugadas. Pueden llevar a cabo una buena jugada o una mala jugada. Pueden ganar yardas o perder terreno. Ellos son libres de jugar dentro de los límites establecidos para el juego.

Dios es soberano en los límites que ha establecido para

nosotros. Pero permite una libertad dentro de esos límites que nos da la opción de hacer el bien o hacer el mal. Actuar de forma correcta o equivocada. Intentar ser malvado o bienintencionado. Si bien la libertad no *causa* el mal, sí lo *permite*. Sin embargo, Él limita cuán libres nos permite ser dentro de su conexión providencial de todas las cosas. La providencia es Dios causando o permitiendo que las cosas sucedan para sus propósitos. Eso no quiere decir que respalde la maldad o el pecado, sino que los redime. Él redime la mala intención de alguien que puede haberlo lastimado a propósito al intervenir en su vida a fin de cambiar las cosas haciendo que obren para su bien. Su mano misericordiosa usará lo que fue pensado para hacer daño para hacer el bien. Él incluso usará la maldad para cumplir su propósito, como hemos visto con José.

La Escritura nos dice que Dios incluso endureció el corazón de Faraón para que persiguiera a los israelitas fuera de Egipto. Él tomó la maldad que había en el corazón de Faraón y permitió que fuera más malvada aún para cumplir su propósito de liberar a su pueblo de ese lugar. Dios es tan bueno en su trabajo providencial de conectar y disponer las cosas con el fin de cumplir su voluntad que incluso puede usar al diablo para ayudar a un hermano. Incluso puede usar a alguien que tienen la intención de dañarlo a usted para conducirlo, moldearlo, desarrollarlo, fortalecerlo o redirigirlo hacia su propósito y su destino. Dios incluso usa a Satanás para lograr esto, como en el caso de Job, Pedro e incluso Jesús.

A pesar del aumento de los teléfonos inteligentes, la gente todavía usa relojes. Yo todavía llevo un reloj, aunque podría mirar mi teléfono en cualquier momento para saber qué hora es. No obstante, es un hábito que cuando usted quiere saber la hora, mira su muñeca. Observa la esfera de su reloj, porque eso es lo que le mostrará el tiempo. Sin embargo, la única razón por la que puede ver el tiempo en la esfera de su reloj es por lo que está dentro de él. Si fuera a abrir su reloj, vería una miríada de partículas diminutas y minúsculas, y piezas interconectadas e interrelacionadas de alguna manera. Estas piezas se mueven juntas exactamente en el orden correcto para que usted pueda ver qué hora es en realidad en el exterior del reloj. Pero usted no puede decir la hora mirando los engranajes.

La vida es muy parecida a un reloj. A veces vemos la cara; a veces vemos pequeñas piezas individuales. Pero nunca vemos todo. Hay mucho más sucediendo detrás de la escena, debajo de la cubierta, detrás de la cortina, en lugares que nunca podemos ver. Cuando se trata de la providencia de Dios, usted nunca ve todo lo que hay que ver. En realidad, las cosas que ve a menudo no se conectan. Podría pensarse que hay partes que no parecen relacionarse la una con la otra en absoluto. Eso es porque Dios siempre está haciendo más de una cosa a la vez; Él hace cincuenta millones de cosas en el mismo instante.

A veces, cuando no podemos ver lo que hace, pensamos que no está haciendo nada en absoluto. A veces parece que Dios está durmiendo cuando debería estar despierto. O que su teléfono está ocupado y no puede escuchar nuestras oraciones en absoluto. A veces, si lo admitimos, parece que se ha ido de vacaciones y nos dejó en un desvío demasiado tiempo.

Puede parecernos incluso más que solo unas vacaciones. Para José, si tuviéramos que hacer los cálculos, transcurrieron veintidós años antes de que alcanzara su destino. Desde los diecisiete años hasta el momento en que se paró frente a ellos mientras permanecían arrodillados como él había visto en su visión antes, habían pasado veintidós años. José es un verdadero recordatorio de que rara vez llegamos a nuestro destino de la noche a la mañana.

Muy pocas personas alcanzan el propósito de Dios para sus vidas con rapidez. Lleva tiempo no solo desarrollarlo para su destino, sino también desarrollar su destino para usted. Dios es el maestro tejedor, y las cosas rara vez son lo que parecen. Por eso es tan importante caminar por fe y no por vista.

¿Alguna vez ha visto una orquesta cuando los músicos salen por primera vez y se están preparando para tocar? Todos los instrumentistas están practicando al mismo tiempo, y suena como un caos. Parece que no hay uno sobre el escenario que incluso sepa cómo tocar. Eso es porque todos los diferentes instrumentos están sonando desafinados por todo el lugar. Ahí no está teniendo lugar una armonización.

Entonces, de repente, aparece de la nada un conductor caminando. Él se para con confianza y en silencio frente a los músicos. Saca una batuta y la levanta levemente. Cuando lo hace, todos los que habían estado tocando sus instrumentos se sientan derechos y miran directamente hacia él. Luego, cuando da unos toques con la batuta un par de veces y comienza a agitar su mano, lo que una vez parecía ser un puro caos ahora tiene sentido. Los acordes aleatorios y desconectados que previamente habían contaminado el aire de pronto se convierten en una canción armoniosa, hermosa y poderosa.

Amigo, si siente que su vida está en caos, con muchos ruidos desarticulados y desconectados, no salga de la sala de conciertos antes de que la sinfonía sea grandiosa. No abandone su fe. Espere a que el Conductor aparezca, porque cuando el tiempo sea perfecto, Él hará que surja la armonía a partir de la discordancia. Él se presentará y convertirá una decepción en un destino.

No hace mucho tiempo me encontraba en mi oficina en la iglesia cuando uno de nuestros miembros vino para tener una reunión corta. Estábamos conversando durante un momento antes de que la reunión tuviera lugar, y por decir algo le pregunté cómo iba su trabajo. Sabía que había terminado su maestría no mucho antes, y por eso tenía curiosidad por saber cómo marchaban las cosas para él.

—Me despidieron la semana pasada —dijo.

—¿Qué? —pregunté, sorprendido al escucharlo.

Este hombre había estado en este trabajo por más de cinco años. El mismo le había proporcionado un entorno estable para que obtuviera su maestría mientras seguía cuidando de su esposa e hija. Sin embargo, de pronto, debido a la recesión, la empresa para la que trabajaba estaba reduciendo su personal.

—Sí —añadió, mirándome abatido—. Pastor, redujeron la plantilla y yo fui uno de los eliminados, y tengo un bebé que viene en camino. Simplemente no es un buen momento para que como familia perdamos mi trabajo.

Tratando de convertir la conversación en algo positivo, le pregunté qué tipo de cosas quería hacer. Quizás conocía a alguien a quien pudiera recomendárselo.

Sus ojos se iluminaron un poco y respondió:

—Bueno, ahora que he terminado mi maestría en medios de comunicación en el seminario, realmente espero obtener algo en ese campo de alguna manera, basándome en mi entrenamiento y mis pasiones. Sin embargo, encontrar un empleo así podría llevar algo de tiempo; así que ahora solo necesito conseguir un trabajo para poder cuidar a mi esposa y mis bebés.

Mientras hablaba, no podía creer lo que oía. Porque esa misma semana en nuestro ministerio nacional un empleado experimentado que trabajaba precisamente en ese mismo campo justo acababa de renunciar.

Ahora bien, debo hacer notar que este es un puesto que solo ha estado vacante *quizás* una vez en una década, y se estaba quedando disponible la misma semana en que este hombre, que ahora tenía un título y un deseo, había sido despedido de su trabajo en ese campo preciso.

Los dos hombres no se conocían. No había absolutamente ninguna conexión entre ellos. Uno renunció. El otro fue despedido. Y por suerte —quiero decir, por casualidad— está bien, por la providencia, Dios hizo que él entrara a mi oficina a fin de tener una reunión sobre algún pequeño proyecto para el que mi hija le había pedido que se ofreciera como voluntario, la misma semana en que el puesto estuvo disponible. Y yo me sentí impulsado por este mismo Dios providencial a preguntarle cómo le iba en su trabajo. En una semana o dos, a lo sumo, fue contratado. Y ha sido un gran arreglo tanto para nosotros como para él.

Usted puede llamarle a eso suerte, azar o casualidad si lo desea. Sin embargo, no lo llamaría correctamente. Porque eso sucedió debido a la providencial mano de un Dios soberano que alinea todas las personas en el momento exacto para que tenga lugar la conexión correcta.

Cuando usted entiende la providencia, comienza a mirar para percibir lo que Dios está haciendo. Comienza a abrir los ojos para ver dónde se está moviendo. Usted comienza a operar en un nivel diferente de comprensión cuando observa los patrones de las maniobras providenciales de Dios.

Si es repostero, sabe cómo preparar una torta. Entiende que

ninguno de los ingredientes individuales sería muy agradable por sí solo. Nadie se sentaría y se comería una barra de mantequilla. Ni tomaría azúcar en su mano y se la pondría en la boca. No excavaría en la harina con una cuchara y se la comería. Nadie hace eso. Y la razón por la que nadie lo hace es porque, por su propia cuenta, cada ingrediente es desagradable. Los huevos crudos son simplemente repulsivos.

No obstante, cuando un chef maestro mezcla todo de acuerdo a una gran receta y lo lleva al horno, termina con una obra maestra. Esto es porque todas las cosas ahora están obrando juntas por el bien de la torta.

Puede parecer que Dios tiene su vida en pedazos en este momento. Usted no es capaz de ver cómo, o por qué, algo de esto podría ser lo suficiente bueno. No parece haber una conexión real para mucho de lo que ocurre. Los desvíos son amargos. Las decepciones dejan un mal sabor en su boca. Sin embargo, cuando le permitimos a Dios, en su providencial cuidado, mezclar todo de acuerdo a sus propósitos y planes, todas las cosas trabajarán juntas para nuestro bien. Lo prometo. Y la razón por la cual puedo prometerlo es porque Dios lo dice en su Palabra. Se trata de un verso que probablemente ha escuchado tantas veces que de alguna manera puede haber perdido su impacto, pero si permite que la verdad que contiene realmente cale, puede cambiar su vida entera.

«Y sabemos que a los que aman a Dios, todas las cosas les ayudan a bien, esto es, a los que conforme a su propósito son llamados» (Romanos 8:28). Y ese bien siempre estará conectado a que seamos hechos conformes a la imagen de Cristo (v. 29). Dios no está solo preocupado por nuestra liberación circunstancial, sino más importante aún, Él está preocupado por nuestro desarrollo espiritual. Con ese fin, usará todas las cosas obrando juntas para bien.

Incluso esas cosas que otros pueden haber tenido la intención de usar para el mal.

Y todas las cosas significa *todas* las cosas.

CAPÍTULO TRECE

La perspectiva de los desvíos

 Un empleador les envió una nota a todos sus empleados informándoles que iba a darles un regalo de Navidad. El año había sido bueno para la empresa, financieramente hablando, y por eso quería darles algo especial. Él escribió en la nota: «Solo una cosa, quiero que todos hagan una contribución a esa organización benéfica en particular con la que estoy involucrado después que reciban su regalo. Pueden donar la cantidad que deseen, pero deben hacer alguna contribución de su bonificación a esta organización. También me gustaría la participación del cien por ciento de toda la compañía».

Así que se corrió la voz entre los empleados de que el empleador quería que todos participaran con un donativo a la organización benéfica que había elegido. Sin embargo, hubo un empleado que se negó, alegando que su bonificación de Navidad le pertenecía, y él no contribuiría a la organización designada. Cuando el dueño de la compañía se enteró de que este empleado se había negado a aceptar su solicitud, lo llamó a su oficina.

Una vez en su oficina, el empleador le preguntó si era cierto que él no iba a donar una cantidad de su cheque de bonificación a la organización benéfica.

—Sí, eso es cierto. No voy a dar nada —respondió el empleado.

—¿Pero usted entiende que yo estaba buscando la participación del cien por ciento de toda la compañía en esto? —preguntó el jefe.

—Sí, lo entiendo —contestó el firme empleado—. Sin embargo, no quiero sentirme obligado a hacer una donación, así que no voy a hacerlo.

El jefe se reclinó en su silla, pensó un poco para elegir sus palabras con todo cuidado, y luego dijo:

—Entonces eso me da dos opciones. La opción número uno es convencerlo de que cambie de opinión para que pueda tener una participación del cien por ciento en el donativo a esta organización benéfica. La opción número dos es despedirlo para lograr que el cien por ciento de la empresa contribuya. Voy a dejarle la elección a usted, pero de un modo o de otro tendré el cien por ciento de participación en lo que respecta al apoyo a dicha organización.

Ante esto, el empleado respondió rápidamente:

—Bueno, en realidad nadie nunca me lo explicó así antes. Sí, voy a contribuir.

La perspectiva traerá sabiduría a nuestros caprichos y claridad a nuestras elecciones. Esta nos da discernimiento entre nuestros desvíos y nuestras distracciones.

Como verá, no todo lo que nos saca del camino es un desvío divinamente planeado. También hay distracciones. Estas son cosas que nos mantienen alejados de nuestro destino, pero no tienen ningún propósito a la hora de desarrollarnos para alcanzarlo. Podría tratarse de personas, pasatiempos, pensamientos o incluso trabajos que no están alineados con el propósito de Dios para nuestra vida.

La perspectiva lo ayudará a obtener conocimiento a fin de ver qué es un desvío diseñado por Dios y qué es una distracción de la cual simplemente necesita tener el valor de liberarse para seguir adelante.

Muchos de nosotros esperamos que llegue nuestro momento, cuando alcanzaremos el pleno potencial de nuestro diseño divino, cuando alcanzaremos ese lugar al que Dios nos está llevando a fin de producir nuestro mayor bien, darle la gloria suprema y expandir más su reino.

El destino implica la unión de estas tres cosas: su *bien*, la *gloria* de Dios y el *avance de su reino* a través del impacto en otros. Solo cuando usted tiene la perspectiva verdadera del destino puede vivirlo completamente. Si no está interesado en la gloria de Dios o su reino, porque solo le importa su bien, entonces no está listo para conectarse con su destino. Dios quiere una participación del cien por ciento en la agenda de su reino, pero es su elección si participa o no.

En este viaje al destino, usted puede reducir la velocidad o acelerar en dependencia de cómo responde a los desvíos que Dios coloca en su vida para desarrollarlo y las distracciones de las que necesita deshacerse.

Muchos de los que leen este libro están esperando que Dios haga algo. Usted está esperando que el cambio venga. Tal vez se encuentra en una situación en la vida en la que dice con regularidad: «Esto no fue lo que yo pensaba».

Tal vez no pensaba seguir sin casarse, o que su cónyuge se fuera y se quedara como un padre soltero.

Tal vez no pensaba tener una relación desdichada.

O estar atrapado en un trabajo que no le satisface y apenas paga sus cuentas.

Podría ser que se encuentre en una situación de salud difícil o haya perdido a un ser querido, y esté sentado allí diciendo: «Esto no fue lo que yo pensaba. No es así como quería que fuera mi vida». A pesar de creer en Dios, pedirle a Dios, invocar a Dios y buscar a Dios para hacer un movimiento, todavía está atascado preguntándose cuándo llegará a su destino.

Si eso le sucede a usted, lo que quiero que sepa como creyente en Jesucristo es que tiene un destino. Y a menudo, está más cerca de lo que piensa. Pase la prueba. No se rinda. Responda correctamente al tratamiento equivocado. Haga el bien. Defienda a los indefensos. Honre a Dios. Crezca en la fe. Confíe. Espere. Y antes de que se dé cuenta, su destino de repente se encontrará con usted. Pero sí, esas cosas son a menudo difíciles de hacer. Así que recuerde esto: mientras camina a través de los desvíos hacia su destino de vivir su diseño divino, lo que

> *La perspectiva significa cómo usted ve algo.*

le permitirá seguir adelante a pesar de las circunstancias de la vida es tener la perspectiva correcta.

La perspectiva significa cómo usted ve algo. Es como el niño que perdió su lente de contacto y lo estuvo buscando durante treinta minutos. Él seguía sin poder hallarlo, incluso después de todo ese tiempo, cuando su madre entró a la habitación y le preguntó qué estaba haciendo. Al minuto de buscar el lente de contacto, su madre lo encontró.

—¿Cómo hiciste para hallarlo tan rápido? —preguntó el niño.

—No estábamos buscando lo mismo —respondió su madre—. Tú buscabas un lente de contacto. Yo buscaba ciento cincuenta dólares.

Gran diferencia. Y esta se debe a la perspectiva.

La perspectiva no solo afecta lo que ve, sino también lo que logra. Por eso resulta fundamental tener la perspectiva correcta mientras persigue su destino. Particularmente cuando se encuentra en un desvío.

Cuando está en ese lugar donde aún no ha alcanzado su punto óptimo, necesita saber cómo ver las cosas. Puede sentirse muy alejado de su propósito, pasión y paz. No obstante, a veces, ya sea que se de cuenta o no, está solo a un paso de distancia.

Una de las cosas que me da miedo es caminar en la cinta. Nunca había pensado caminar sobre la cinta de correr. Caminar rápido y sudar sin ir a ninguna parte —mientras uno cubre absolutamente cero territorio— no es mi idea de cómo pasar mi vida. Soy alérgico al aburrimiento, y el aburrimiento es casi todo lo que una caminadora tiene para ofrecerme.

Es por eso que si alguna vez me encuentro en una cinta de correr, también me encontrará viendo la televisión. Esta configuración resulta tan común que en casi todos los gimnasios del país encontrará hoy televisores incorporados a los equipos para hacer ejercicio o colgados cerca en la pared. Esto se debe a que la mayoría de las personas siente lo mismo que yo. Ejercitarse en una caminadora simplemente no es tan divertido.

¿Qué hace la televisión para ayudarlo a usted o a mí a hacer ejercicio? Cambia nuestro enfoque mientras nos ejercitamos. Nos hace mirar algo diferente de la angustia que sentimos en este momento. Cuando está enfocándose en la televisión mientras agoniza en la cinta de correr, esto no elimina o reduce el esfuerzo que está haciendo, sino que más bien lo capacita para soportarlo mejor. Tal cosa es así porque algo más ha captado su atención y se adueña de su perspectiva.

Mientras maniobra hacia su destino, amigo mío, quiero compartir con usted lo que lo llevará a través de estos altibajos, giros y vueltas —permitiéndole subir las pendientes y bajar los caminos en las cosas positivas y negativas que enfrenta— de modo que pueda llegar a la destinación que Dios ha previsto. La clave de su éxito espiritual está en el *enfoque*.

El secreto de que José llegara a su destino está en que se negó a dejar a Dios fuera de la ecuación. Mientras se encontraba en la celda más profunda y oscura de la cárcel, el Señor estaba con José. Mientras servía a las personas más despreciables del sistema penitenciario, Dios causó todo lo que José hizo para prosperar. Mientras vivía como un esclavo en la casa de un alto funcionario, el Señor bendijo las manos de José.

Una y otra vez leemos en la historia de este hombre que el Señor estaba con José. Incluso cuando finalmente se paró frente a Faraón —y si alguna vez hubo un momento para promocionarse a sí mismo con el fin de conseguir su salida de la mazmorra fue ese— José reconoció a Dios en todas las cosas. «No está en mí», declaró tan audazmente como una vez le había dicho a sus hermanos que algún día se inclinarían ante él. «Dios será el que dé respuesta propicia a Faraón» (Génesis 41:16).

Cada vez que vemos a José, sin falta, vemos también a Dios. Él no fue un Dios «en algún momento» para José. Él no era un amigo en las buenas o un anexo. Nada sucedió en la vida de José que Dios no permitiera y aprobara, y en lo cual no se hiciera visible. En realidad, cuando José confrontó a sus hermanos para calmar sus temores respecto a la injusticia que cometieron con él, invoca el nombre de Dios cinco veces al resumir la participación divina en su desvío hacia el destino (Génesis 45:5–9). Esto no se nos dice en la Escritura, pero imagino que una de las razones por las que Dios estaba con José fue porque José estaba con Dios. Él no perdió de vista a Dios. No renunció a su sueño. José no contempló su entorno. La Biblia nos dice que bienaventurados son aquellos que tienen un corazón puro, porque ellos verán a Dios (Mateo 5:8).

No todos pueden ver a Dios. No todos tienen el privilegio de vivir una vida llena de confirmaciones y direcciones cercanas y claras de Dios. No todos experimentan el favor de Dios, ya sea en un escenario difícil o en uno aparentemente bendecido. La pureza no se refiere a la perfección, se refiere a la ausencia de distracción, también conocida como mancha. Cuando su corazón está abierto a Dios, sus ojos también lo estarán.

Hay un individuo en nuestra iglesia que parece recibir más señales y confirmaciones del Señor de las que haya experimentado cualquier otro que conociera. Es casi como si esta persona y el Señor vivieran como amigos íntimos, teniendo conversaciones diarias entre ellos. Esta persona no es perfecta, pero tiene una pureza constante de corazón con relación a Dios como pocos que haya visto. Así que, cuando Dios habla, se escucha. Cuando Dios dirige, se ve. Cuando Dios confirma, es claro. Es como una cadencia con el Rey mismo. Como resultado, el favor de Dios es presenciado en casi todas partes.

José experimentó un nivel de comunicación y favor con Dios diferente al de muchos otros. Sin embargo, no creo que sea porque Dios se le impuso a José. Más bien, el corazón de José simplemente creía las promesas de Dios, y su perspectiva se veía modelada por la del Señor.

Si usted toma a Dios en serio, nunca podrá ser una víctima de sus circunstancias, porque sus circunstancias no serían las que son si Él no permitiera que fueran usadas para llevarlo a su destino. Cuando el enemigo puede eliminar su consideración de Dios en las circunstancias, particularmente si se trata de una circunstancia negativa, ha tenido éxito en demorar sus desvíos. Si Satanás puede mantener a Dios fuera de la ecuación de su comprensión, lo hará perder la perspectiva en la cinta de correr de la vida y usted verá solo el sudor de la subida cuesta arriba.

Dios era la suma total de la vida de José.

A lo largo de toda su historia se hace referencia a Él, no importa cuáles fueran las circunstancias. Dios era lo que el océano es para un guijarro que está en él: la extensión que rodea todo a su alrededor. El océano abarca totalmente al guijarro, así como debemos reconocer que Dios nos rodea totalmente. En lugar de tomarse una píldora o sacar una pipa, llénese completamente y consuélese con Él. Lo que distinguió a José de muchos otros fue que su vida estaba marcada por la presencia de Dios.

José no tenía credenciales para llegar a donde necesitaba estar.

No tenía un currículum para que le asignaran el puesto de salvar a una nación, o a dos, o a diez de la hambruna.

No tenía contactos personales, contactos políticos, contactos relacionales, o incluso contactos circunstanciales.

Él no podía tirar de ninguna cuerda ni pavimentar ningún camino.

No era nadie en un país extranjero, sin currículum ni nombre que lo ayudara. No tenía nada de todo aquello que la sociedad busca para convertirlo en una persona de éxito.

Todo lo que José tenía era a Dios. Sin embargo, Dios fue más que suficiente para compensar todo lo demás que le faltaba.

Parece que vivimos en una sociedad donde se hace mucho énfasis en esforzarse para obtener lo que la cultura dice que usted debe tener, ser y hacer a fin de subir la escalera del éxito y la influencia. La sociedad nos dice que tenemos que acumular nuestros títulos, nuestros contactos, mirar de cierta manera, decir y hacer ciertas cosas para llegar a algún lugar en la vida. No obstante, considere a José. Este hombre fue despojado de cada cosa de la que un hombre puede ser despojado, excepto de una: su destino. Porque su destino descansaba de forma segura en las manos de Dios.

Cuando su destino está en las manos de Dios y confía en Él con todo su corazón —a pesar de sus circunstancias, errores, desvíos y distracciones— nadie puede bloquear lo que Dios tiene para usted.

Puede haber perdido mucho en su vida, pero no ha perdido su destino. Y si simplemente alinea su perspectiva con la del Señor, puede estar más cerca de alcanzarlo de lo que piensa.

A Dios le encanta cambiar las cosas en un instante. Le encanta operar en medio de la sorpresa de lo repentino. Porque cuando lo hace, Él es el único que puede obtener el crédito.

CAPÍTULO CATORCE

La paz de los desvíos

 Génesis 50:20 se usa a menudo como el sello distintivo de la cristiandad. Este versículo, posiblemente más que cualquier otro, resume el poder de un Dios todopoderoso para transformar el dolor en un propósito y la desgracia en un milagro.

Lo citamos.

Lo enviamos por mensaje de texto.

Lo memorizamos.

Lo publicamos en las redes sociales.

Sin embargo, hay algo oculto dentro de este versículo tan popular que a veces no logramos ver. Se trata del orden en que ocurrieron las cosas.

Miremos de nuevo el versículo: «Ustedes se propusieron

hacerme mal, pero Dios dispuso todo para bien. Él me puso en este cargo para que yo pudiera salvar la vida de muchas personas» (NTV).

Hay un orden que se muestra en este versículo que quiero destacar. La razón es que si usted puede mantener esta perspectiva en mente a lo largo de su vida, descubrirá el secreto para enfrentar los desafíos, las decepciones, el dolor y la confusión sin rodeos. Accederá al poder para superar cualquier cosa y elevarse por encima de lo que enfrenta. He aquí el orden que quiero que vea: *Mal. Dios. Bien.*

El versículo dice que los hermanos de José se propusieron hacerle mal. Pero Dios intervino.

Entonces se produjo el bien. Cuando el mal aparece y Dios se coloca en la ecuación, lo bueno resulta de ello.

Por lo tanto, lo que tiene que hacer el enemigo para tener éxito en sus maquinaciones es mantener a Dios fuera para que el bien no se produzca. Si Satanás puede mantener a Dios fuera del centro, puede mantener el mal bajo control como la influencia dominante en esa situación. Sin embargo, en el momento en que usted permite que Dios sea parte de la situación y pone su enfoque en Él, Dios convierte el mal en bien.

Job encontró el mal en su vida, pero cuando se sometió y se rindió a Dios, Él lo cambió y lo convirtió en bien. Las personas que seguían a Jesús tenían hambre, pero Jesús trajo a Dios a ese problema, y Él convirtió una realidad negativa en un milagro. Lázaro estaba muerto, pero Jesús convirtió una muerte en una resurrección.

A través de toda la Escritura podemos ver el dolor y el sufrimiento de esta vida presente transformado en vida y propósito cuando Dios ha actuado en la situación.

Es por eso que Dios debe ser una parte integral de su existencia cotidiana y no solo una visita aquí o allá. Dios no quiere tener privilegios de visita con usted los fines de semana. Él quiere ser su mejor amigo. Él quiere ser su socio. Él quiere ser su compañero de equipo, capitán, entrenador, general, amante, líder y colaborador.

Hay una realidad interesante sobre el desvío de José que quiero mencionar aquí brevemente, y es que José estaba soltero. No profundizaré mucho en lo que eso significa o las implicaciones de ello, pero me he dado cuenta de una cosa en mi labor como pastor durante cuatro décadas, y es que a menudo el cristiano soltero es el que experimenta a Dios de una manera sobrenatural. Quizás esto se debe a lo que Pablo argumentó en el Nuevo Testamento acerca de que una persona casada tiene lealtades y atención divididas. Cualquiera que sea el caso, Dios desea ser su cónyuge, ya sea que usted esté soltero o no.

Él dice que es su cónyuge (Isaías 54:5), pero cuando tenemos a otra persona en el lugar, o cuando tendemos a depender de nosotros mismos demasiado, podemos perder de vista la relación adecuada de amor que Dios anhela que tengamos con Él.

Si Dios representa simplemente un complemento de su cena, una oración antes de dormir, o una casilla que marca los domingos, no lo busque para que convierta el mal que le han hecho en bien. Dios debe estar en el centro de todo lo que usted hace para que este patrón tenga lugar. Amigo, lo exhorto a que arriesgue todo por Dios y descubra lo que realmente puede hacer. Ponga toda su confianza en Dios y véalo manifestarse de una manera que nunca antes ha experimentado.

Mal. Dios. Bien.

No puede dejar de incluir a Dios y obtener el bien. Sin Dios, usted termina con el Mal. Caos. Desgracia.

Cada pozo que José enfrentó lo llevó a un lugar nuevo. Los celos de sus hermanos eran malos. Estaban arraigados en el pecado. Ellos intentaron hacerle daño al desnudarlo y tirarlo al pozo para morir, y luego vendiéndolo como esclavo a los mercaderes. Sin embargo, si nada de eso hubiera sucedido, José estaría entre los muchos que morían de hambre décadas más tarde, cuando el mundo conocido se enfrentó a una terrible hambruna.

La lujuria de la esposa de Potifar era mala. Su deseo de tener relaciones sexuales con José resultaba inmoral. Ella intentó hacerle daño cuando mintió con respecto a él y lo acusó, dejándolo pudrirse en una cárcel. No obstante, si eso no hubiera sucedido, José nunca habría conocido al panadero y al copero que algún día sería su puente para llevarlo ante el gobernante más alto de la tierra. Y José habría muerto de inanición, junto con el resto de la nación, años más tarde cuando se acabaron los alimentos.

En cambio, José terminó siendo el segundo al mando en el momento exacto de la historia en que su sabiduría, perspicacia, estrategia y habilidades eran más necesarias para lograr la salvación literal de las personas de todas partes. Explíqueme cómo alguien que no tiene un título político, ni un currículum, ni experiencia termina siendo el segundo al mando en Egipto… ¡santo cielo, él ni siquiera era egipcio!

Lo logra con Dios, así es.

Dios puede llevarlo a lugares y abrir puertas que ni siquiera ha soñado posibles. Ah, cómo me gustaría que pudiera ver todo el potencial de su destino. Ah, cómo desearía que pudiera ver las cosas que Dios anhela hacer por usted. Quisiera que pudiera conocer la satisfacción que puede experimentar cuando vive el plan que Él tiene para usted.

Su destino no está determinado por el hecho de que llegue a su ubicación deseada en la vida. No está determinado por su planificación, títulos e incluso contactos. Sí, Dios puede usar esas cosas, pero a menudo no lo hará. Más bien, Él se encuentra con nosotros en un lugar de obediencia mientras todavía estamos en un desvío y nos lleva a donde tenemos que ir. Dios tiene maneras de conectarlo que no se basan en nada tangible en absoluto.

Una miembro de nuestra iglesia recientemente consiguió su trabajo soñado solo debido a una llamada telefónica. Nada más. Esta fue una simple llamada telefónica para entrevistar a alguien que nunca había conocido antes acerca de un proyecto en el que estaba trabajando. Ella no se sentía entusiasmada con este proyecto. Tampoco estaba entusiasmada con la llamada telefónica. Sin embargo, la llevó a cabo motivada por la obediencia a su jefe y las responsabilidades de su trabajo. Pero minutos después de finalizar la entrevista, la persona entrevistada comenzó a mandarle mensajes de texto. Él le preguntó sobre su experiencia pasada, habilidades...lo que ella hacía. Al principio todo le pareció extraño, me contó más tarde. ¿Por qué una persona de su estatura le estaba preguntando sobre sus habilidades? ¿No tenía gente?

No obstante, ella le respondió. Y literalmente en pocos días la habían contratado para un puesto influyente que resultó ser un arreglo perfecto para su pasión, habilidades y destino. ¡Hablando de cosas repentinas! Más tarde, él le explicaría cómo sucedió esto.

Le dijo que había estado orando con el fin de encontrar a una persona para ocupar este puesto, y cuando escuchó su voz, supo que ella era la indicada.

Usted no puede ir a la escuela para eso. No puede conectarse a LinkedIn para tener una conexión así. Ni siquiera puede enviar un currículum para lograrlo. Dios, y solo Dios, sabe cómo conectarlo con su destino cuando es el tiempo correcto. Y no necesita mucho para hacerlo. Una voz en el teléfono bastará.

José terminó como segundo al mando en Egipto debido a una túnica que ni siquiera pidió tener. Y no solo eso, terminó con la autoridad y la capacidad de trasladar a toda su familia a Egipto y permitirles tener abundantes alimentos durante una época de hambre en todo el mundo.

Dios usó un desastre después de otro desastre, y una situación después otra situación, para llevarlo a su destino.

> *El éxito no es lo que tiene; el éxito es a Quien tiene.*

El éxito no es lo que tiene; el éxito es a Quien tiene.

Ahora bien, no estoy descartando el valor de la educación, la preparación, la dedicación o la ocupación. Más bien lo que estoy diciendo es que todas esas cosas, sin Dios, no lo llevarán a su destino. Ninguna de esas cosas sin Dios puede hacer que llegue allí. Sabiendo que eso es verdad, ¿dónde quiere invertir la mayoría de su tiempo, talento, tesoros, atención, enfoque y esperanza?

Algunos están esperando a Dios para que cambie todas las cosas, mientras Dios está esperando por ellos. Algunos le están pidiendo a Dios que intervenga en su situación, mientras Él les está pidiendo, como a José, que vivan el favor que ya les ha dado. Sea obediente en el pozo, en la prisión, en las cadenas...como esclavo. Si José hubiera optado por enojarse en la cárcel en lugar de recibir el favor de Dios y llegar a una posición de influencia, nunca habría estado en condiciones de interpretar los sueños del panadero y el copero.

Si usted quiere llegar a su destino, sea fructífero donde está ahora. Donde sea que se encuentre en este momento, trabaje fielmente, sirva de buen grado, sométase con alegría y honre a Dios por completo. Mientras Dios está diseñando un destino especialmente para usted, viva con obediencia donde lo ha colocado en la actualidad. Nunca se sabe cómo Él usará una conversación en el lugar en que está ahora para llevarlo a su propio final feliz. Dios es el conector maestro.

Amigo, no sé lo que el enemigo está haciendo para desalentarlo. Sin embargo, estoy seguro de que es algo inteligente, consistente y astuto. Pero cuando Dios le permite perder, es solo para mostrarle cómo ganar. Por lo tanto, nunca esté satisfecho con la solución simplemente porque la espera es demasiado larga o el camino muy difícil. Sea como esa pelota de playa en la piscina, tan llena del poder del Espíritu de Dios que no importa cuán profundo se le empuje hacia debajo del agua, pues ella solo usa eso como un impulso para salir a la superficie aun más alto que antes.

Entiendo que cuando usted está deprimido, la tendencia es renunciar en lo que respecta a Dios. Pero déjeme desafiarlo a cambiar su perspectiva.

Mientras más desdichadas se vuelvan las cosas, con más agresividad debería ir tras Él. Es fácil alabar a Dios cuando brilla el sol, pero si está atravesando una tormenta en su vida en este momento, y la oscuridad es todo lo que ve, obligue a su boca a proferir alabanzas. Corra hacia Él en la oscuridad. Sea como Jacob, que luchó toda la noche, y exija su bendición antes de que Dios lo deje ir.

Y, por último, sea paciente. Hablaremos más sobre esto en los próximos dos capítulos, pero comencemos brevemente aquí.

Transcurrieron trece años desde el momento en que José fue vendido como esclavo hasta el instante en que se paró frente a Faraón. Pasaron veintidós años antes de que se encontrara con sus hermanos de nuevo.

Pasaron cuarenta años antes de que Dios llevara a Moisés al lugar donde necesitaba que él estuviera para cumplir su destino de liberar a su pueblo.

Noé esperó ciento veinte años antes de que Dios cumpliera la promesa que le hizo.

Jesús vivió treinta años como Dios en la tierra antes de que incluso comenzara su ministerio público.

Los desvíos llevan tiempo. El desarrollo lleva tiempo. No obstante, si sé una cosa de manera absoluta es esta: los destinos valen la espera. Así que solo porque posiblemente tenga que ceder a muchos inconvenientes, o simplemente porque necesite atravesar un período de la vida donde las cosas no parecen estar yendo como pensó que deberían, eso no significa que no llegará allí. Demasiados de nosotros queremos un Dios de microondas cuando Dios a menudo es mucho más como una olla de cocimiento lento. Él quiere dejar que las cosas burbujeen, se combinen y hiervan a fuego lento hasta que todo esté bien cocido. Hasta que la transformación ocurra completamente en su vida.

Ahora bien, hay una forma en que puede saber que Dios está obrando a su favor. No será porque no hay desafíos. No será porque nada está mal. Usted sabrá que Dios está obrando a su favor porque cada vez que parece que va a decaer, se recupera.

¿Alguna vez has visto a alguien que logra atravesar un problema tras otro, un desaliento tras otro?

Tenga en cuenta a esa persona si es así. Esa es una persona con la mano del destino de Dios sobre él o ella. Esa es una persona cuya fe está firmemente arraigada en el Dios viviente. Esa es una persona que entiende y cree que cuando el mal asoma su fea cabeza, Dios puede cambiarlo todo para bien.

Mientras crecía en Baltimore cuando era un niño, mi papá me compró un saco de boxeo inflable. Me encantó, porque sin importar lo que le hiciera, seguía rebotando.

Lo golpeaba, y entonces...¡PUM!, golpeaba el piso.

Pero luego...¡PAM!, se levantaba.

Lo golpeaba de nuevo...¡PUM!, y caía al suelo una vez más.

Pero entonces...¡PAM!, estaba de vuelta.

Una y otra y otra vez golpeaba esta bolsa, y una y otra vez rebotaba por más. En una ocasión incluso la pateé. No obstante, aun así se enderezó de nuevo.

La razón por la que el saco de boxeo inflable seguía regresando por más era que había un peso en la base que pesaba mucho más que el aire en la parte superior. De esa forma, no importaba lo que le hiciera arriba, la parte de abajo determinaba dónde acababa la cosa.

No sé lo que estos próximos días, meses o incluso años tienen para usted. No sé si enfrentará más desvíos, más desafíos o más dolor. Sin embargo, lo que le puedo garantizar es que en algún lugar más adelante, Satanás o las circunstancias le darán un golpe...¡PUM! Algunas pruebas o problemas lo derribarán...¡PAM! Así es la vida. Eso nos sucede a todos, especialmente cuando nos enfrentamos a un enemigo que no quiere nada más que apartar nuestros ojos de Dios cuando Él desea llevarnos más profundo.

En realidad, el diablo puede incluso darle varios golpes a la vez... pum, pum, pum, pum, ¡PUM!

No obstante, amigo, si usted está descansando en la base correcta, se levantará. Si está arraigado en la base correcta, se recuperará. Si está atado al sólido peso de un Dios Santo, se pondrá de pie de nuevo. Nadie puede hacer algo para mantenerlo abajo cuando Dios es su contrapeso.

Permítale ser la estabilidad de sus días mientras lo conduce a su destino.

CAPÍTULO QUINCE

La paciencia de los desvíos

 Si se dice la verdad, y todos somos totalmente francos, a la mayoría de nosotros no nos gusta esperar.

Claro, podemos fingir que somos pacientes aquí o allá —y actuar como muy espirituales— pero en el fondo, la paciencia es una virtud que a menudo resulta difícil de conseguir. Particularmente si estamos esperando por algo que queremos cambiar o algo que necesitamos optimizar y mejorar. Esperar puede ser una experiencia frustrante.

¿Alguna vez ha estado en una luz roja que parece que nunca va a cambiar a verde? Usted se siente estancado. Atrapado. Mantenido lejos de donde quiere ir. La circunstancia frente a usted simplemente no le permite avanzar. ¿O qué tal si se queda atascado detrás de un vehículo que se mueve lentamente en un camino angosto en el que no hay espacio para pasar?

Tal vez haya permanecido sentado en la sala de espera de la consulta de un médico, y solo siguen llamando al nombre de todos los demás excepto el tuyo. Y esto es peor cuando está en una sala de emergencias y siente dolor. Sin embargo, le continúan diciendo que lo atenderán en cuanto puedan. Literalmente, lo están obligando a esperar mientras se encuentra asustado y adolorido.

¿Y qué tal esto? ¿Alguna vez ha estado en el teléfono y la persona en el otro extremo de la línea le pide que espere y luego se escucha una música? Todos hemos pasado por esto en algún momento u otro. Es posible que solo sean minutos, pero se pueden sentir como horas mientras usted se sienta y escuchar una música que realmente no debería llamarse música en absoluto.

Todos esos tipos de espera son inconvenientes. Todos ponen a prueba nuestra paciencia. Pueden borrarnos la sonrisa de la cara. No obstante, realmente el peor tipo de espera que hay llega cuando usted o yo tenemos que esperar por Dios.

Cuando Dios lo obliga a esperar que las cosas se arreglen en su vida, que las cosas mejoren, que su cambio venga...es en esos momentos que se siente como si nada estuviera sucediendo y Dios hubiera puesto su vida en neutral. Su motor está funcionando, pero las ruedas no giran. Eso puede causar el mayor dolor.

Dios nunca parece estar apurado cuando nosotros lo estamos, ¿cierto? Él es como el padre proverbial que insiste en cocinar y desayunar antes de que los regalos de Navidad puedan desenvolverse. Preguntamos: «¿Qué pasa, Dios? ¿No ves cuánto quiero llegar a mi destino? Estoy aquí. Estoy listo. ¿Por qué tardas tanto?».

Es como el niño que estaba orando: «Querido Señor, necesito que nieve. Quiero que nieve. Es invierno. Es Navidad. Quiero que nieve». Un día tras día oró por la nieve. Pero aún no nevaba. «Dios», continuó el niño después de semanas, «no querrás que me convierta en ateo, ¿verdad? ¡Porque estoy pidiendo nieve, pero no hay!».

A veces parece que Dios tarda tanto que puede comenzar a preguntarse si creer en Él es incluso razonable. Comienza a preguntarse si vale la pena el esfuerzo. ¿Cuál es la ventaja de esto llamado fe, Dios? Me tienes esperando demasiado por mi destino, mi pareja, mi curación, mi esperanza... póngale usted un nombre. Esto tarda demasiado, y estoy empezando a preguntarme si debería seguir esperando en absoluto.

Usted habla con Él.

Ora a Él.

Preparó un lugar de oración.

Eso no fue bueno.

Va a la iglesia.

Todavía se siente vacío y estancado.

Adora, pero nada ha cambiado.

Después de un tiempo, comienza a sentir que la relación es demasiado unilateral. Entonces, cuando las cosas empeoran, incluso puede considerar retirarse. Deja de adorar, orar, sentir devoción... porque ya no tiene mucho sentido.

El reloj sigue corriendo. Los años siguen pasando. El calendario sigue avanzando. Dios sigue demorando su respuesta.

En tiempos como estos, la mayoría de nosotros somos como Habacuc cuando clama al Señor: «¿Hasta cuándo debo pedir ayuda, oh Señor? ¡Pero tú no escuchas! (Habacuc 1:2, NTV). La respuesta de Dios no ofrece mucho a modo de consuelo. Lo vemos en el próximo capítulo:

Y el Señor me respondió, y me dijo: «Escribe esta visión. Grábala sobre unas tablillas, para que pueda leerse de corrido. La visión va a tardar todavía algún tiempo, pero su cumplimiento se acerca, y no dejará de cumplirse. Aunque tarde, espera a que llegue, porque vendrá sin falta. No tarda ya. (Habacuc 2:2–3, RVC)

Dios le promete al profeta que la visión no fallará. Sin embargo, Él también le informa que «va a tardar». Además le recuerda que «espere». No le dice cuánto tiempo. No le da una señal. Solo asegura que vendrá un día, así que debe esperar.

Es como pescar en un estanque donde nada parece picar el anzuelo. Usted puede pararse o sentarse allí durante horas, lanzando línea tras línea al agua. Enganchando gusano tras gusano en la caña de pescar. En última instancia, puede sentir que ya no está pescando, solo está ahogando gusanos cruelmente. Esperar por su destino —que su cambio, su esperanza tenga lugar— a veces puede sentirse como si se estuviera ahogando. Sus sueños se están ahogando. Sus deseos se están ahogando. Sus pensamientos se están ahogando. Su oportunidad se está ahogando. Nada parece engancharse en la esperanza que lanzas una y otra vez. Y en sus momentos de privacidad, esos momentos que solo usted y Dios comparten, incluso puede sentir ganas de abandonarlo todo. Sacando la línea del agua y solo alejándose.

Mantener los patrones en la vida es tan frustrante como mantener la ruta en un vuelo. Usted simplemente recorre un círculo y otro círculo y otro círculo y otro círculo. Y su alma pierde la esperanza de incluso esperar algo diferente. Sin embargo, una y otra vez en la Biblia se nos dice que debemos «esperar en el Señor». No es algo que aparece una o dos veces. La frase y el concepto de «esperar en el Señor» es un hecho frecuente. En Salmo 130:5–6 (RVC) dice: «Señor, toda mi vida he esperado en ti, y he confiado en tus promesas. Yo te espero, Señor, con toda el alma, como esperan los centinelas la mañana, como esperan los vigilantes el nuevo día».

«Como esperan los vigilantes el nuevo día». Piense en eso. Si ha conocido o visto a un vigilante, o incluso ha sido uno, sabrá que la mañana no puede llegar demasiado pronto. Es también como cuando vigilamos una olla que nunca hierve...esta se demora y demora y demora. Así es como el salmista dice que espera. Así es como debemos esperar también.

Con anticipación.

Con esperanza.

Con anhelo.

Con expectativa.

Con deseo.

Con fe y obediencia.

Estas cosas, y más, disipan la duda. Acaban con la desesperación. Como leemos en Salmo 27:13–14: «Hubiera yo desmayado, si no creyese que veré la bondad de Jehová en la tierra de los vivientes. Aguarda a Jehová; esfuérzate, y aliéntese tu corazón; sí, espera a Jehová».

En Lamentaciones encontramos un beneficio de esperar bien: «Bueno es Jehová a los que en él esperan, al alma que le busca. Bueno es esperar en silencio la salvación de Jehová» (Lamentaciones 3:25–26). Dios es bueno para aquellos que esperan bien.

Sin embargo, ¿qué significa esperar bien? ¿Cómo deberíamos esperar en el Señor de tal manera que recibamos su bondad al final del día? ¿Quiere decir esto sentarse en una mecedora y esperar a que algo mejor suceda? ¿Significa dejar de hablar por completo? ¿Cuándo hemos orado lo suficiente? ¿Cuándo hemos hecho suficiente? ¿Cuándo se supone que debemos hacer algo?

Ninguna de esas preguntas tiene una respuesta exacta para todas y cada una de las situaciones. La respuesta puede variar dependiendo de la situación. No obstante, en general, esperar en el Señor significa no buscar algo fuera de Dios para arreglar el problema con relación al cual está esperando. No debe «evocar a un Abraham» e ir a encontrarse una «Agar» para intentar resolver la situación por usted mismo. Esperar en el Señor es esperar en su mano, su intervención, su guía, su provisión, su poder y su solución. No improvise su destino usted mismo. No intente forzarlo a que tenga lugar. Cuando es el tiempo de Dios para que cumpla su destino, lo cumplirá perfectamente. En lugar de tomar el asunto en sus propias manos, déjelo en las manos Dios. Como dice el refrán: «Déjelo pasar. Y deje actuar a Dios».

Santiago 5:7–8 habla de esto un poco, aunque en un contexto diferente: «Por tanto, hermanos, tened paciencia hasta la venida del Señor. Mirad cómo el labrador espera el precioso fruto de la tierra, aguardando con paciencia hasta que reciba la lluvia temprana y la tardía. Tened también vosotros paciencia, y afirmad vuestros corazones; porque la venida del Señor se acerca». Así como un labrador debe esperar a que lleguen las lluvias y la tierra produzca el crecimiento de la semilla, del mismo modo debemos esperar que el Señor produzca en nosotros y a través de nosotros el propósito que Él tiene planeado.

Usted ha escuchado hablar de la resistencia de Job y de cómo

Dios recompensó su paciencia al darle el doble de lo que tenía antes. El Señor está lleno de compasión y misericordia para aquellos que lleguen a aprender y practicar la habilidad y el arte de esperar bien. Una de las formas en que usted puede saber que todavía no ha perfeccionado este arte de esperar bien es si pasa mucho tiempo quejándose.

Una persona que tiene un espíritu quejumbroso —alguien que tiene un patrón de lloriquear sobre una situación o acerca de Dios— no está esperando bien. Quejarse revela una falta de fe. Quejarse revela un corazón que busca una solución más que la lección aprendida en el viaje a la solución. Ahora, en lugar de que Dios sea su libertador, debe ser su juez.

Nunca vaya fuera de Dios para tratar de hacer que suceda lo que está esperando que Él haga suceder. Porque cuando lo haga, solo demorará que ocurra. La Escritura está repleta de ejemplos de personas que retrasaron la liberación de su destino porque trataron de llegar a este por su cuenta. Abraham y Sara tuvieron que esperar veinticinco años antes de que se cumpliera la promesa de un hijo. La demora vino porque acudieron a la carne para resolver una situación del espíritu. Marta y María tuvieron que esperar mientras Jesús intencionalmente retrasó la realización del milagro de resucitar a su hermano de la muerte, ya que sus dudas, y la fe posterior, se usarían para enseñar a otros en los años venideros.

Los retrasos no siempre son una causa para la intervención. Ellos son a menudo un lugar para enseñarnos algo que Dios quiere que aprendamos o para recibir algo que Dios quiere que recibamos primero. Jesús les dijo a los discípulos que fueran a Jerusalén y esperaran al Espíritu Santo antes de que salieran a ministrar en su nombre. Ana tuvo que esperar años antes de tener a su primer hijo. Rut tuvo que esperar antes de encontrar a su esposo.

Este período de espera en varios segmentos de nuestra vida forma parte de la experiencia cristiana. Esperando el momento oportuno. Esperando las conexiones divinas. Esperando la preparación. Esperando a otras personas. Esperando por nosotros mismos. Esperando el desarrollo. Esperando... esperando.

Esperar en Dios significa no ir fuera de Dios para resolver la cuestión.

También significa obedecer a Dios mientras espera. Basándose en su voluntad revelada en su Palabra, obedezca con respecto a lo que sabe. Porque nunca sabrá lo que Dios planea hacer en secreto a menos que lo vea obedecer lo que Él ya ha revelado. Dios nunca le dice todo lo que va a hacer, pero le ha dicho algo. Sea lo que sea, obedezca eso. Por pequeño que sea, por insignificante que parezca, obedezca eso. Haga lo que sabe hacer incluso si no sabe lo que eso está haciendo por usted.

Cuando está enfermo, usted va al médico, y si él encuentra una infección, escribe una prescripción. ¿Adivina lo que el doctor espera que haga en medio de su dolor mientras espera mejorar? Tomar la medicina. Él no espera que lea sobre el medicamento. No espera que hable sobre la medicina. Ni siquiera espera que comprenda qué es el medicamento y cómo funciona. Solo tome el medicamento y déjelo funcionar. Solo haga lo que el doctor le dijo que hiciera y deje que el resultado se presente a su tiempo. Cuando usted o yo tomamos la medicina, esperamos a que haga efecto. Esto nunca es instantáneo.

Sin embargo, tenga en cuenta que mientras más tiempo postergue tomar el medicamento, más tiempo tardará en funcionar.

A muchos cristianos les gusta hablar con otras personas

sobre lo que dice la Palabra de Dios. Nos gusta pensar en esto. Considerarlo. No obstante, muy pocos actuarán en consecuencia.

Muy pocos vivirán con la fe que nos dice que no debemos preocuparnos. Muy pocos perdonarán con una gracia que nos dice que no guardemos rencor. Muy pocos irán a un lugar que nunca hemos visto antes, o dejarán la seguridad de lo que conocemos para ir a donde Dios nos está dirigiendo.

Dios, el Gran Médico, ha prescrito lo que necesitamos en su Palabra. El hecho de que sigamos o no lo que Él ha revelado —cosas como el amor, el perdón, la confianza, la fe, la esperanza y más— determinará cuánto tiempo tendremos que esperar.

¿Cuándo recibió Job la recompensa de Dios y la doble bendición? Después de que él oró por sus amigos. Después de que él les mostró gracia y bondad a aquellos que le causaron dolor durante sus mayores momentos de sufrimiento. Job siguió la ley del amor y le pidió a Dios que les mostrara bondad a otros. Cuando él hizo eso, Dios fue bondadoso con Job.

Aprender a esperar bien involucra aprender a poner en práctica la cotidianidad de vivir como un hijo de Dios. Significa poner en práctica esas cosas que ya sabemos. Perdonar. Amar. Creer. Trabajar como para el Señor, incluso si no es su lugar favorito para hacerlo. Honrar a la autoridad sobre usted, incluso si particularmente no le gusta o no la respeta. Ayudar a los demás a llevar sus cargas, incluso cuando se siente abrumado por las suyas.

> *Aprender a esperar bien involucra aprender a poner en práctica la cotidianidad de vivir como un hijo de Dios.*

Haga lo que Dios ya le ha dicho que haga.

Luego mire cómo lo lleva a su destino.

Mi hijo Anthony llegó a casa de la escuela un día con una tarea. La misma implicaba plantar una semilla en un pequeño recipiente, regándola y viéndola crecer. Era una tarea para su clase de ciencias. Anthony diligentemente puso su semilla en el recipiente lleno de tierra el viernes por la noche, y luego continuó con su juego normal y sus asuntos durante el resto del día. Cuando se despertó el sábado, corrió hacia la ventana para mirar la maceta. Nada había sucedido. Nada había crecido. Anthony vino a mí decepcionado porque la semilla no había germinado de la noche a la mañana.

Tuve que explicarle que no se trataba de los frijoles mágicos de Jack, que podían convertirse en una enredadera que llegaba a los cielos en un momento. Esta era una semilla. Y como a todas las semillas, le llevaría tiempo crecer. Requeriría esperar con fe. Regarla con fe. Observarla con fe.

Este concepto de esperar es muy interesante cuando usted lo analiza hasta llegar a su significado literal. El concepto en los tiempos bíblicos se usaba para referirse a hilos que se trenzaban juntos a fin de hacer algo más grande, más brillante y más completo. La palabra *espera* puede representar el acto de unir los hilos de la voluntad revelada de Dios en un esfuerzo por reforzarlos hasta que algo más grande se produzca a través de la combinación de todas las cosas. Esperar requiere tiempo. Lamento tener que insistir con esa verdad. No obstante, es la verdad. Así que mientras antes la aceptemos como algo infalible, antes podremos aprender a esperar bien.

Justo como con la semilla de Anthony debajo de la tierra, algo estaba sucediendo. No es que no estuviera pasando nada. Solo que era algo que Anthony no podía ver. Lo que estaba teniendo lugar ocurría en secreto debajo de la tierra. Y la semilla necesitaba permanecer allí hasta el momento adecuado para brotar.

Cuando Dios está en silencio, Él no está quieto. Sin embargo, mucha de su actividad y muchos de sus propósitos se entretejen debajo de la tierra de nuestros días. Todo eso está creciendo allí fuera de nuestra vista y en formas que no podemos ver... hasta ese momento, dentro de los confines de sus propósitos y su voluntad, en que Él esté listo para revelarlo.

Espere, mi amigo. Espere bien.

La historia de José debería alentarlo al saber que algún día valdrá la pena.

Espere bien.

CAPÍTULO DIECISÉIS

El camino de los desvíos

 Si alguien sabía lo que significaba esperar sin mucha esperanza en el horizonte, fue José. No necesito volver a relatar los acontecimientos de su vida debido a que los hemos cubierto de forma muy exhaustiva a lo largo de estas páginas.

No obstante, a estas alturas, si usted sabe algo sobre él, es esto: José se pasó la mayor parte de su vida esperando que Dios lo llevara a su destino.

José ni siquiera llegó a tener su propia familia hasta que ya habían pasado para él los años en que los hombres de su cultura se casaban

> *José se pasó la mayor parte de su vida esperando que Dios lo llevara a su destino.*

y tenían hijos. Tampoco tuvo una carrera en la que pudiera ascender. Después de todo, la esclavitud y luego una celda de la cárcel suelen ser cosas bastante limitadas cuando se trata de promoción. José no tenía títulos. Él era un extraño en una cultura que estaba obsesionada con su propia cultura. Si alguien debería tener cualquier razón para rendirse, tirar la toalla, y simplemente ceder a una mentalidad fatalista, sería José.

Sin embargo, él no lo hizo. Siguió levantándose día tras día. Sabemos esto porque la Escritura nos dice que el Señor estaba con José y también que le concedió el favor de quienes lo rodeaban. Asimismo sabemos que Dios continuó promoviéndolo en cualquier parte que estuviera para disfrutar de gran autoridad e influencia.

Una gran autoridad e influencia no son cosas que posea alguien que tire la toalla. Una gran autoridad e influencia generalmente las posee alguien que está usando esa toalla, y usándola bien. Incluso si eso significa que todo lo que puede hacer con ella es limpiar el desastre de otra persona. Se trata solo de un cuento de hadas, pero lleva una verdad que resuena en todos nosotros. Cenicienta cantó mientras limpiaba porque una vez que había conocido al príncipe, sabía que había algo más grande para ella. Era solo una cuestión de tiempo, que es como siempre sucede con Dios. Todo es una cuestión de tiempo. Es una cuestión de que Él prepare las intersecciones de la vida para que cuando llegue allí, las personas con las que está conectando estén listas para usted. Y, más importante aún, usted esté listo para manejar lo que le han dado también.

La espera de José era una cuestión de tiempo. Leemos esto en el libro de Salmos: «Mandó hambre a la tierra de Canaán, y cortó la provisión de alimentos. Luego envió a un hombre a

Egipto delante de ellos: a José, quien fue vendido como esclavo. Le lastimaron los pies con grilletes y en el cuello le pusieron un collar de hierro. Hasta que llegó el momento de cumplir sus sueños, el SEÑOR puso a prueba el carácter de José» (Salmo 105:16–19, NTV).

Notará una frase importante en ese pasaje: «hasta que llegó el momento». José estaba afligido. José era un esclavo. José era un prisionero. José estaba quebrantado, atado y olvidado...desde una perspectiva humana. Hasta que llegó el momento.

¿Hasta qué momento?

Hasta el momento en que Dios estuvo listo con todas las piezas del rompecabezas para llevar a cabo su plan perfecto en la historia.

Una razón por la cual Dios nos mantiene esperando varias cosas y deseos en nuestra vida es que Él está haciendo algo más grande que usted. Esto es más grande que usted.

Sé que es usted quien lo está pasando, sintiéndolo, experimentándolo...sufriendo por ello. Sin embargo, lo que Él está haciendo es más grande que usted. Siempre es más grande que usted. Al igual que los hilos entrelazados para crear un tapiz con una imagen que ningún hilo solo tiene la capacidad de mostrar, todos estamos interconectados a través de Dios en su plan divino. Él está conectando todas las cosas.

Usted es un hilo. José era un hilo en el más grande plan del reino de Dios a fin de preservar a una familia para la edificación de una nación. Sí, José fue un hilo importante, así como usted lo es. No obstante, a menudo los hilos más importantes tienen que esperar más tiempo y desarrollarse más antes de que se muestre el papel que van a desempeñar.

Mientras espera su destino, tenga en cuenta que una de las

razones por las cuales está esperando es que Dios está tramando algo más grande que usted. Esto implica tiempo porque hay mucho más con lo cual tratar que solo su persona.

Prueba en el tiempo

Todos parecen querer una bendición, pero pocos quieren desarrollo. Un niño podría comer dulces todo el día. Podría hacerle gastar su dinero todo el día. Pero dele corrección, disciplina —una guía que va en contra de lo que quiere— y a menudo se resistirá. Sin embargo, los dulces, los juegos y el dinero no van a desarrollar a un niño para convertirlo en un adulto productivo. Dios sabe que lo mismo es cierto para nosotros. Para que Dios lograra que José cumpliera su papel como segundo al mando en Egipto, tenía que llevarlo más profundo primero. Tenía que desarrollarlo primero. Necesitó fortalecer su humildad, su confianza, su seguridad en sí mismo (en lugar de orgullo) y sus habilidades de liderazgo. También le dio lecciones sobre cómo lidiar con sus acusadores y enemigos a lo largo del camino, desde un puesto de prominencia que sin duda atraería a este tipo de personas.

Es como el capitán del ejército que estaba entrenando a sus soldados y les pidió a todos saltar sobre el lecho del río. El objetivo era superar el río y llegar al terreno en el otro lado. Todos los hombres y mujeres saltaron, pero ninguno lo logró. Algunos llegaron a la mitad de camino. Otros cubrieron dos tercios de la distancia, pero ni una sola persona logró el objetivo.

Entonces el capitán del ejército soltó un cocodrilo en el río y les pidió a los soldados que lo intentaran de nuevo. Esta vez, todos lo lograron. Esto se debe a que a veces usted necesita un potencial negativo en su experiencia para llevarlo más allá de lo que iría por su cuenta. Algunas veces necesita aprender sus lecciones para pasar la prueba. Necesita la experiencia que dan las consecuencias de las malas decisiones. Necesita madurar, enfocarse y eliminar las distracciones externas. Necesita entrenar su paladar para no solo saber lo que es bueno, sino estar dispuesto a seguir sin lo que no lo es. Si José no hubiera experimentado la opulencia y la indigencia como lo hizo, es posible que no hubiera manejado adecuadamente la riqueza que más tarde obtuvo.

A veces, usted y yo necesitamos aprender a confiar en Dios, adorarlo y esperar por Él a pesar de la realidad de que no nos esté proveyendo cualquier cosa que deseamos justo en este momento. Resulta fácil adorar a Dios y rendirse a Él cuando todo está bien. No es así de fácil cuando se encuentra en una cárcel, como José.

Y para usted y para mí, esta puede ser una cárcel emocional.

Una cárcel relacional: podría tratarse de una relación en la que desea nunca haber estado, pero no tiene salida; o una relación que deseó tener, pero en este momento se encuentra solo.

Podría ser una cárcel financiera, o de salud, o incluso laboral. Su trabajo no tiene otro propósito que no sea obtener un cheque de pago mientras permanece atado con «esposas de terciopelo», porque usted no es tan libre como realmente piensa que lo es.

Muchos de nosotros cocinamos o comemos pavo o jamón en la temporada de vacaciones. Yo pertenezco a la categoría de los que «come». Aquellos que los cocinan saben que por lo general vienen con un medidor de temperatura de algún tipo que aparecerá cuando la carne esté lista. O que se les introduce un termómetro para ver cuál es la temperatura dentro de la carne. La razón de que esto sea necesario es que la apariencia de la carne puede resultar engañosa. La carne puede verse cocida por fuera, pero cuando usted la corta, adentro todavía está cruda. Es desagradable. Tiene sangre. Aún contiene gérmenes que pueden enfermarlo.

Los cristianos no son diferentes. Muchos de nosotros podemos lucir muy bien y espirituales en el exterior, pero llegue al corazón del asunto y descubrirá que demasiados no son tan espirituales como parecen. Son malos, desagradables y portan gérmenes de amargura, duda e ingratitud cuando usted cava lo suficiente profundo a través de las situaciones difíciles.

Solo porque alguien dice «aleluya» al mensaje no significa que es espiritual. Solo porque predica el mensaje tampoco significa que sea espiritual. Dios conoce el estado de cada una de nuestras almas, y no nos sacará del horno de la adversidad y la espera hasta que estemos listos para lo que Él tiene reservado.

Esperar puede ser una forma de vida, ya que el crecimiento y el desarrollo espiritual por lo general conllevan tiempo. Sin embargo, hay una forma de saber que no está solo mientras espera en Dios. Hay una manera de saber que «Dios está con usted», así como lo estuvo con José, y que Él lo está llevando a su destino. Encontramos esto en el libro de Isaías:

¿Por qué dices, oh Jacob, y hablas tú, Israel: Mi camino está escondido de Jehová, y de mi Dios pasó mi juicio? ¿No has sabido, no has oído que el Dios eterno es Jehová, el cual creó los confines de la tierra? No desfallece, ni se fatiga con cansancio, y su entendimiento no hay quien lo alcance. Él da esfuerzo al cansado, y multiplica las fuerzas al que no tiene ningunas. Los muchachos se fatigan y se cansan, los jóvenes flaquean y caen; pero los que esperan a Jehová tendrán nuevas fuerzas; levantarán alas como las águilas; correrán, y no se cansarán; caminarán, y no se fatigarán. (Isaías 40:27–31)

Embebida en ese verso está la sabiduría de cómo saber que Dios está con usted en su desvío. Él tiene un propósito y un plan para el lugar donde se encuentra ahora, y lo más importante, así habrá perfeccionado el arte de «esperar bien». El versículo afirma que cuando estas cosas se hallen alineadas, Dios le dará nuevas fuerzas.

Él renovará su fortaleza.

Si usted tiene un teléfono inteligente, notará que puede comenzar el día con la batería cargada al cien por ciento, pero a medida que avanza a lo largo de la jornada, la carga baja al setenta y cinco por ciento, y luego al cincuenta por ciento, e incluso al veinte por ciento. Si no hace nada al respecto, a la larga recibe una advertencia de que tiene poca carga en su batería. Y si no encuentra rápidamente un cargador, o pide prestado uno, y conecta su teléfono inteligente, este se apagará por completo. Ahora bien, de repente, lo que casi no tenía energía comienza a encontrar una nueva fortaleza.

Dios dice que una manera en que usted sabrá que está esperando bien es si Él renueva sus fuerzas cuando se agotan. Una de las formas en que hace esto se explica en el versículo 31: «Levantarán alas como las águilas». Hay una realidad interesante sobre las águilas que puede aplicarse muy bien a nuestra vida espiritual si lo permitimos. Cuando una mamá águila construye su nido para su bebé, lo hace muy cómodo. En este el águila bebé encuentra todo lo que necesita para permanecer allí. Ella lo alimenta. Lo calienta. Lo cuida.

Sin embargo, cuando llega el momento de que esta águila

bebé vuele, la madre comenzará a ir quitando las comodidades del nido. Poco a poco se van eliminando cosas, exponiendo al águila en crecimiento a un ambiente menos ideal. El nido comienza a hincar, pinchar y molestar al águila joven. Finalmente, después que todas las comodidades hayan sido quitadas creando así una cierta irritación, la madre empuja al pichón fuera del nido por completo.

Ella hace lo primero para que al águila no le importe dejar el nido, ya que todas las comodidades que tenía al principio ahora se han terminado. Luego empuja al águila justo hacia afuera para obligarla a batir sus alas. El problema surge porque el águila joven nunca ha volado antes, y no sabe cómo hacerlo. Así que volar bien en el primer intento no resulta probable. ¿Qué hace entonces el águila madre? Como el águila joven continúa aleteando y cayendo y aleteando y cayendo, la mamá se abalanza hacia ella y la atrapa con sus garras y a menudo con sus alas. Entonces devuelve al águila joven al nido hasta que es hora de intentarlo una vez más.

Amigo, usted puede sentir que está cayendo, pero Dios solo está enseñándolo a volar. Puede sentir que está a punto de estrellarse contra las rocas en el fondo del cañón, pero Dios tiene sus ojos puestos en usted, y descenderá de la nada y lo atrapará con su gracia. Esto se llama intervención divina, y Él es un maestro en eso. Tiene lugar cuando Dios sale de la nada, trayendo algo a su vida que lo atrapa cuando cree que va a renunciar, perder la cabeza, darse por vencido. Él lo atrapa. No cambia la situación, pero le deja saber que Él está allí.

Otra forma en que sabe que Dios está renovando sus fuerzas se encuentra en la parte del pasaje que dice: «Correrán, y no se cansarán». Esto ocurre cuando Dios sobrenaturalmente le da un nuevo impulso. Cuando llega a ese lugar en que no es capaz de ir más allá, no puedes continuar, está resoplando y resoplando, y de repente obtiene lo que corredores llaman «un nuevo impulso». Una nueva fortaleza. Dios no se lanza hacia abajo y lo saca de esta situación, pero le da la fuerza para continuar mientras está en ella. A veces eso ocurre a través de un sermón o un libro. A veces ocurre a través de una canción. A veces ocurre a través de la palabra alentadora de un amigo o un comentario inspirador en las redes sociales. Puede ocurrir a través de cualquier cosa, pero sea lo que sea, Dios lo usa para darle fuerzas justo cuando usted más lo necesita. Ahora tiene la habilidad y la energía para seguir.

Luego están las ocasiones en que Dios no se abalanza y lo lleva en sus alas; Él no le da un nuevo impulso, sino que evita que se canse cuando camina. Esto sucede cuando Dios no cambia la situación, solo lo cambia a usted en medio de ella. Todavía puede continuar, incluso si eso significa ir bastante lento, como yo en la Carrera del Pavo anual.

La Carrera de Pavo (Turkey Trot) se lleva a cabo en Dallas todos los años alrededor del día de Acción de Gracias, y el objetivo del evento es hacer ejercicio y correr antes de la gran fiesta. No obstante, desde que tuve una cirugía ortoscópica en mi rodilla hace algún tiempo, y como todavía tengo artritis en ella, no puedo correr. Si lo hago, el golpeteo hará que mi rodilla se hinche. Solía correr diez millas al día, pero ahora ni siquiera puedo correr una milla. Así que mientras muchas personas están trotando en la Carrera del Pavo, yo camino. Y aunque es bastante gracioso, no soy el único que lo hago. Usualmente hay un grupo de nosotros que termina caminando durante la carrera. Y cuando usted camina con otros, a veces olvida por completo que está caminando. Comienza a hablar. Comienza a reírse. Observa la naturaleza que lo rodea, y antes de que se dé cuenta, ha llegado a su destino. No recuerdo haberme cansado mientras caminaba en la Carrera del Pavo. Dios tiene una manera de traer personas a nuestro lado para ayudarnos a llegar si solo nos mantenemos avanzando.

En el aeropuerto existe lo que se llaman aceras móviles. Estos son lugares por los que la gente con mucho equipaje puede avanzar más rápido o donde también puede tomar un descanso. Las personas tienen la posibilidad de quedarse paradas sobre ella si desean descansar, o caminar por la izquierda si quieren que la acera móvil las lleve aún más rápido. De cualquier manera, la acera móvil las transportará a su destino.

Amigo, Dios tiene varias maneras para que usted espere en Él.

A veces eso implica un tiempo de descanso. Otras veces involucra ser empujado desde el nido. En cualquier caso, cuando espere bien, Él estará allí para verlo al final.

Y, francamente, el final podría sorprenderlo.

No hay lugar como el hogar

Una de mis historias favoritas es la de Dorothy, de Kansas. Usted la ha escuchado. Probablemente la ha visto. O tal vez incluso ha presenciado el musical de Broadway llamado *Wicked*. Sin importar cómo sean los estilos de las canciones o el vestuario, según la versión que más le guste, la historia sigue siendo la misma en todas partes. Una niña llamada Dorothy y Toto, su perro fiel, se sienten descontentos. Ellos piensan que debe haber más en la vida que lo que están experimentando. Dorothy desea ir a otro lugar donde sienta que tendrá la oportunidad de conocer la razón por la que está aquí. En resumen, está buscando su destino. El lugar al que pertenece. Donde ella debería terminar en esta vida.

El descontento de Dorothy la pone en camino, al igual que una buena parte de nuestro descontento lo hace en lo que respecta a nosotros. Nos incita, nos aguijonea y nos empuja en la dirección de la búsqueda. Nos encontramos en un camino de baldosas amarillas lleno de preguntas, descubrimientos e incluso desvíos. A lo largo de la experiencia en este camino amarillo de Dorothy, conoce a algunos otros que están buscando esa cosa que les falta a ellos.

Quizás es el coraje de vivir las vidas para las que fueron creados.

O las habilidades y el entrenamiento para alcanzar su máximo potencial intelectualmente.

O tal vez se trata de alguien que necesita suavizarse, desarrollar la compasión y tener un corazón más grande para los demás.

Sin importar cuál sea la necesidad, Dorothy se une a otros en una búsqueda del destino.

No obstante, así como Dios nunca lleva a alguien de la A a la Z en una línea recta, Dorothy y sus amigos no llegaron a donde tenían que ir sin pasar por algunos desvíos y distracciones. Ahí estaba el campo de amapolas, que buscaba arrullarlos para que se quedaran dormidos en el descanso del asombro. Luego también estaban los monos enviados a encontrarlos y asustarlos para que volvieran atrás.

Sin embargo, el mayor problema de todos fue la malvada bruja, Elphaba, que hizo todo lo que pudo para detenerlos, al igual que Satanás hace todo lo que puede a fin de evitar que avancemos para llegar a nuestro destino. A lo largo del camino,

Dorothy y sus amigos enfrentaron una dificultad tras otra. Pero la clave para que llegaran a su destino fue que nunca se rindieron. Tenían una fuerza rectora llamada Glenda supervisando su progreso hacia su destino, similar a como usted y yo tenemos al Espíritu Santo guiándonos en la dirección correcta. Debido a esto, ellos avanzaron, llegando finalmente hasta el mago, aquel que les daría lo que les faltaba.

La ironía de la historia es que una vez que encontraron al mago, se dieron cuenta de que no tenía nada que darles. Él era humo y espejos, después de todo…un hombre en busca de la propia realización verdadera de su destino mismo.

No obstante, también llegaron a comprender que el cumplimiento de sus más grandes deseos estaba mucho más cerca de lo que jamás pensaron. Estos yacían allí dentro de cada uno de ellos, solo necesitando ser cultivados y desarrollados a lo largo del camino. Usualmente es ahí donde nuestros destinos están: dentro de nosotros en forma de semilla, necesitando tiempo para desarrollarse.

En su búsqueda del destino a través de los desvíos del camino amarillo, ellos habían crecido y madurado hasta el punto de que ahora cada uno podía vivir el suyo. El león encontró su valor. El espantapájaros encontró su cerebro. El hombre de hojalata encontró su corazón.

Sin embargo, Dorothy encontró la mejor lección de todas.

Ella descubrió que a veces, cuando uno intenta ir a algún lado, no hay mejor lugar que donde está.

Cuando realmente se da cuenta de esto —así como del valor de quien usted es y el valor de aquellos que lo rodean— descubre su destino. Al reconocer cómo su vida se fusiona soberanamente y se cruza con la de otros en el tiempo divinamente correcto de

Dios —cada día, todos los días— no solo le da gloria a Él, sino también trae beneficio, propósito y alegría para usted mismo y los demás. Choque los talones tres veces, mi amigo.

Adelante.

Está más cerca de lo que cree.

Conclusión

 No hace mucho tiempo tuve el privilegio y el honor de viajar a Sudáfrica para una semana de enseñanza. Mientras estaba allí, recorrí varios sitios históricos. Nada me conmovió más que aprender de primera mano sobre la vida de un gran hombre, Nelson Mandela. Ver cómo fue impactado, lo que venció, y las circunstancias en las que de alguna manera no solo logró sobrevivir, sino también convertirse en el hombre en el que se convirtió, resultó una experiencia de humildad para mí.

Nelson Mandela vivió las lecciones de los desvíos como nadie más en los tiempos modernos. ¿Quién hubiera imaginado que iría desde ser un prisionero a ocupar la presidencia?

¿Quién hubiera pensado que un desvío de veintisiete años en una prisión por nada más que el color de su piel y la esperanza de su corazón algún día conducirían a una revolución para ser libres del malvado sistema del apartheid? ¿Quién lo hubiera conocido como el niño pequeño y pobre que una vez fue, y visto a uno de los líderes mundiales más influyentes de todos los tiempos?

Pocos, si acaso alguno.

Las palabras de Nelson Mandela suenan profundas, reflejando pensamientos afinados y probados por las más duras realidades de la vida. Sin embargo, algo que una vez dijo penetró profundamente en mi alma la primera vez que lo leí, y en especial mientras me encontraba sobre el suelo del país natal de este hombre. Nelson Mandela declaró: «Ser libre no es meramente deshacerse de sus propias cadenas, sino vivir de una manera que respete y mejore la libertad de los demás».

Esta cita representa exactamente lo que Nelson Mandela estuvo haciendo los últimos años de su vida, a un ritmo y con un fervor diferentes a los de algunos otros. Su nombre vivirá para siempre como uno de los mejores hombres de la historia, porque permitió que su destino fuera un lugar de liberación para otras personas aparte de él mismo.

> *«Ser libre no es meramente deshacerse de sus propias cadenas, sino vivir de unas manera que respete y mejore la libertad de los demás».*

Hemos realizado un viaje a través de las páginas de este libro con otro hombre que una vez languideció en prisión. Hemos trazado los pasos de otro prisionero que se convirtió en un príncipe en el palacio. ¿Quién hubiera pensado que el joven esclavo olvidado en el pozo y la prisión algún día se convertiría en el segundo al mando en una nación extranjera? Nadie hubiera predicho el futuro de José.

Muy pocos, si acaso alguno.

Pero Dios lo hizo.

Dios lo sabía.

Dios tenía un plan para este hombre.

¿Qué tal en cuanto a usted? Es su turno. ¿Alguien observaría su vida y diría: «Esta es una persona destinada a la grandeza»? ¿Las paredes de su hogar y su corazón evidencian una vida de propósito? ¿O se encuentra usted ahora —como José y Nelson Mandela— en un lugar donde la esperanza parece distante y la luz se ve sofocada por la oscuridad? ¿Está en un lugar al que nunca planeó ir? ¿Con personas a las que nunca planeó conocer? ¿En situaciones en las que nunca pensó que se hallaría? ¿Ha cometido errores que lamenta y nunca pensó que alguna vez podría cometer?

Si algo de eso lo define a usted, no se desanime. Porque la mano soberana y providencial de Dios puede y usará todo para guiarlo a su destino cuando se lo permita. Mientras elija vivir con la perspectiva de un dios pequeño, las circunstancias de la vida dictarán sus desvíos. Pero en el momento en que expanda el significado de Dios a esta deidad soberana que todo lo abarca, por cuyos dedos pasa todo antes de llegar a usted, lo verá moverse.

Sí, es posible que no disfrute la prisión o el pozo. Sin embargo, Dios tiene un plan para todo. Él tiene un plan en el cielo con su nombre escrito en él. Y este plan, este mapa de ruta, está diseñado para llevarlo a su destino.

Usted posee un destino. Hay un diseño divino para su vida. Puede estar un poco nublado en este momento. Es posible que no se haya manifestado totalmente por cualquier cantidad de razones. No obstante, aun así, tiene un destino y un propósito a los que Dios desea llevarlo.

Los desvíos desarrollan su carácter.

Las pruebas fortalecen su aptitud espiritual.

Y las demoras le permiten a Dios preparar a las personas a las que debe impactar para que estén listas cuando se conecte con ellas.

Recuerde, su destino nunca tiene que ver solo con usted. Su

destino siempre implica que beneficia a otros más allá de usted mismo.

Muchos creyentes quieren que Dios los bendiga. Y no hay nada malo con desear esto. Sin embargo, muy pocos realmente entienden cuál es la definición de una bendición. Una bendición se puede definir como experimentar, disfrutar y extender la bondad de Dios en su vida. No es solo algo que Dios hace para usted, sino también algo que Él hace a través de usted. Santiago nos recuerda que la verdadera religión se manifiesta a sí misma en el ministerio a otros (Santiago 1:27). La verdadera religión nunca lo involucra solo a usted. Dios siempre está haciendo más de una cosa a la vez: lo involucra, sí, pero no se trata solo de usted. Se trata de hacer avanzar la agenda del reino de Dios.

Y debido a que su destino no es solo acerca de usted, a veces sus desvíos y demoras no están específicamente vinculados a su persona. Ellos están relacionados con los individuos o situaciones que necesitan estar listos para usted. Dios influye en cosas diferentes en lugares diferentes en momentos diferentes con el fin de que estén listos cuando establezca la conexión. Él está haciendo algo en otro lugar que ni siquiera conoce para que algo más en otro lugar esté listo cuando sea hora de que usted se conecte.

José estuvo en la cárcel durante dos largos años hasta que el copero se acordó de él. Pero no había llegado el momento preciso para que el copero lo recordara antes. El momento adecuado llegó cuando Faraón estuvo listo, la nación estuvo lista, la situación estuvo lista y el copero estuvo listo. José no se sentó en la prisión esos dos años debido a cualquier cosa que hubiera sido culpa suya. Él se encontraba allí porque Dios se hallaba organizando circunstancias más allá de José que lo necesitarían. Sin embargo, esas circunstancias y personas más allá de él no sabrían que lo necesitaban durante dos años completos.

Esto es lo que no quiero que se pierda de este ejemplo de José y su destino: José no tenía absolutamente ninguna idea sobre el sueño de Faraón. Él nunca se había encontrado con Faraón. Probablemente ni siquiera pensó nunca que algún día conocería a Faraón. José no sabía lo que estaba pasando en el mundo exterior. Él se encontraba en un agujero completamente solo. No obstante, en menos de veinticuatro horas, su mundo cambió. En veinticuatro horas lo afeitaron, le dieron ropa nueva, fue liberado de la prisión, y se encontró de pie ante el hombre más poderoso del planeta.

No solo eso, José fue promovido a un lugar de prominencia y autoridad. En uno de los giros más extraños de la «suerte» de todos los tiempos, leemos:

> Y dijo Faraón a sus siervos: ¿Acaso hallaremos a otro hombre como éste, en quien esté el espíritu de Dios? Y dijo Faraón a José: Pues que Dios te ha hecho saber todo esto, no hay entendido ni sabio como tú. Tú estarás sobre mi casa, y por tu palabra se gobernará todo mi pueblo; solamente en el trono seré yo mayor que tú.
>
> Dijo además Faraón a José: He aquí yo te he puesto sobre toda la tierra de Egipto.
>
> Entonces Faraón quitó su anillo de su mano, y lo puso en la mano de José, y lo hizo vestir de ropas de lino finísimo, y puso un collar de oro en su cuello; y lo hizo subir en su segundo carro, y pregonaron delante de él: ¡Doblad la rodilla!; y lo puso sobre toda la tierra de Egipto. (Génesis 41:38–43)

¡José fue puesto sobre toda la tierra de Egipto! ¿Por qué? Porque Faraón dijo que el hombre tenía un espíritu especial. «¿Acaso hallaremos a otro hombre como éste, en quien esté el espíritu de Dios?», le preguntó a sus consejeros. Esta era una pregunta retórica, ya que provenía de Faraón. Sin embargo, ha sido registrada para nosotros en la Escritura a fin de que podamos ver un ejemplo de la poderosa mano de Dios llevando a alguien de la mazmorra a su destino. José no se abrió paso por sí mismo. No subió en la escalera corporativa. Con él se cumplió lo que Dios dijo en su Palabra: «No con ejército, ni con fuerza, sino con mi Espíritu, ha dicho Jehová de los ejércitos» (Zacarías 4:6).

El Espíritu puede hacer muchísimo en veinticuatro horas.

Amigo, cuando Dios está listo para moverse, no tarda mucho. Cuando Él está listo para cambiar su situación porque le ha permitido desarrollarlo espiritualmente, puede hacerlo de repente. De la nada.

Inmediatamente. Como una estrella fugaz en el cielo, Dios puede traer algo de pronto para alegrar su noche. Así que no se enoje cuando no pueda ver ningún movimiento en su mazmorra, porque Dios está trabajando en otra parte a fin de preparar el lugar, la persona o las personas a los cuales lo está llevando.

Cuando Dios cambia su estatus en la vida y lo aparta de una situación negativa —o lo cambia en medio de ella— mantenga sus ojos abierto para ver la bendición que Él quiere que sea.

Este es un patrón que encontré en mi investigación sobre José que se muestra a lo largo de la Escritura en las historias de muchas personas. Dios puede llevar a alguien a un desvío solo para luego hacer algo en su vida a fin de cambiar por completo su situación y utilizar a la persona para beneficiar a los demás fuera de ella misma.

Dios le dijo a Abraham en Génesis 12 que quería que dejara la tierra de sus padres y fuera a una tierra que Él le mostraría. No obstante, no iba a mostrársela a Abraham por adelantado. Abraham tenía que ir por fe. Ahora bien, si estudias la vida de Abraham, verás que atraviesa veinticinco años de desvíos. Veinticinco años de cosas buenas, malas y feas ocurren antes de que Dios arregle las cosas para darle su bendición. Durante ese tiempo, Abraham maduró a través de pruebas y problemas, y su fe se profundizó. Él cometió errores. Algunos de ellos fueron errores bastante grandes con repercusiones duraderas. Pero finalmente Abraham estuvo listo para la bendición y el destino del que Dios le había hablado muchas décadas antes.

Otra ocasión en que un patrón como este tuvo lugar en la Escritura se encuentra en el libro de Éxodo. Tenga en cuenta que cuando la Biblia fue escrita, no contaba con divisiones de capítulos y versículos. Los eruditos añadieron esas divisiones más tarde para que los lugares se pudieran ubicar rápidamente. En Éxodo 2:23–25 se describe una situación crítica: «Aconteció que después de muchos días murió el rey de Egipto, y los hijos de Israel gemían a causa de la servidumbre, y clamaron; y subió a Dios el clamor de ellos con motivo de su servidumbre. Y oyó Dios el gemido de ellos, y se acordó de su pacto con Abraham, Isaac y Jacob. Y miró Dios a los hijos de Israel, y los reconoció Dios».

Israel estaba gimiendo. Los israelitas buscaban la liberación. Y Dios dice, esencialmente: «Los escucho, los escucho». A medida que avanzamos hacia el capítulo 3, saltamos a una ubicación diferente por completo. Saltamos a algo que puede parecer totalmente irrelevante para lo que acabamos de leer. Sin embargo, recuerde que no había divisiones de capítulos y versículos en la historia original. El escritor acaba de dejar a los hijos de Israel clamando por la liberación en Egipto y salta todo el camino hasta Moisés en el desierto: «Apacentando Moisés las ovejas de Jetro su suegro, sacerdote de Madián, llevó las ovejas a través del desierto, y llegó hasta Horeb, monte de Dios» (3:1).

Moisés había estado cuidando ovejas en el medio de la nada por cuarenta años. ¿Qué tiene que ver Moisés con una nación entera de personas que claman a Dios por la liberación? Todo. Porque durante esos cuarenta años en el desierto, él había estado aprendiendo lecciones de obediencia, lecciones de paciencia, lecciones de humildad, lecciones de pastoreo, lecciones de cómo atravesar y sobrevivir en el desierto, y mucho más.

Y además, cuarenta años antes los israelitas no estaban a punto de gemir y clamar por un líder tampoco. Si usted recuerda la historia, Moisés había intentado presentarse como su libertador en aquel entonces, pero no tenían ojos para ver ni oídos para escuchar. Todavía no se habían quebrantado hasta el punto de necesitar que alguien como él interviniera. Dios estaba esperando a que ambos lados de la situación estuvieran listos antes de anunciarle a Moisés su destino y propósito en el reino a través de la experiencia con la zarza ardiente.

He aquí otro momento en que se presentó este patrón. ¿Recuerda a Ester? ¿La joven hermosa y la estrella brillante? Después de todo, su nombre significa «estrella». Ester fue de los barrios marginales al palacio. Ella era una reina ahora. Una reina con un papel que desempeñar en la liberación de toda una nación de personas. Cuando surge un malvado complot para destruir a su pueblo, Ester responde valientemente con el coraje de abordar la situación ante su rey. Sí, al principio ella vacilaba, pero la señal suprema del coraje no es que usted no sienta miedo, sino más bien que avance más allá de este.

En el momento justo del tiempo, el destino de Ester coincidió con los destinos de su pueblo, liberándolos de una muerte segura al darles la oportunidad de defenderse contra una conspiración siniestra.

Su destino y el propósito del reino a menudo implican tanto una conexión como una esperanza para las personas más allá de usted mismo. Busque las dos cosas mientras Dios lo guía. Ore por ambas mientras espera pacientemente. Aumente su fe, perfeccione sus habilidades, busque el rostro de Dios, y Él lo llevará del desvío al destino.

Mantenga los ojos bien abiertos, ¿de acuerdo?

Porque Dios tiene una manera de conducirlo a su destino...
repentinamente.

La alternativa urbana

La Alternativa Urbana (The Urban Alternative, TUA) equipa, empodera y une a los cristianos a fin de impactar a *individuos, familias, iglesias* y *comunidades* a través de una cosmovisión completamente comprometida con la agenda del reino. Al enseñar la verdad, buscamos transformar vidas.

La causa central de los problemas que enfrentamos en nuestras vidas personales, hogares, iglesias y sociedades es espiritual; por lo tanto, la única forma de abordarlos es espiritualmente. Hemos intentado poner en práctica una agenda política, social, económica e incluso religiosa.

Es hora de tener una **agenda del reino.**

La agenda del reino puede definirse como la manifestación visible del gobierno absoluto de Dios sobre cada área de la vida.

El tema central unificador a través de toda la Biblia es la gloria de Dios y el avance de su reino. El hilo vinculante de Génesis a Apocalipsis —de principio a fin— está enfocado en una cosa: la gloria de Dios a través del avance del reino de Dios.

Cuando no tiene en cuenta ese tema, la Biblia se convierte en historias desconectadas que resultan extraordinarias para la inspiración, pero que parecen no estar relacionadas en cuanto a propósito y dirección. La Biblia existe para compartir el movimiento de Dios en la historia hacia el establecimiento y la expansión de su reino destacando la conectividad entre todo, lo cual constituye el reino mismo. Comprender esto aumenta la relevancia de tales manuscritos de varios miles de años de edad para su vida cotidiana, porque el reino no es solo en ese entonces; es ahora.

La ausencia de la influencia del reino en nuestra vida personal y familiar, las iglesias y las comunidades ha llevado a un deterioro en nuestro mundo de proporciones inmensas:

- Las personas viven vidas segmentadas y compartimentadas, porque les falta la cosmovisión del reino de Dios.
- Las familias se desintegran, porque existen para su propia satisfacción en lugar de por el reino.
- Las iglesias están limitadas en el alcance de su impacto, porque no comprenden que la meta de la iglesia no es la iglesia misma, sino el reino.
- Las comunidades no tienen a dónde recurrir a fin de encontrar soluciones reales para personas reales que tienen

problemas reales, porque la iglesia se ha dividido, se ha cerrado y es incapaz de transformar el paisaje cultural de cualquier forma relevante.

La agenda del reino nos ofrece una manera de ver y vivir la vida con una esperanza firme mediante la optimización de las soluciones del cielo. Cuando Dios, y su gobierno, ya no es la norma final y autorizada bajo la cual se encuentra todo lo demás, el orden y la esperanza se van con Él. Sin embargo, lo inverso también es cierto: mientras usted tenga a Dios, tiene esperanza. Si Dios todavía está en escena, y mientras su agenda aún esté vigente, nada ha terminado.

Incluso si las relaciones colapsan, Dios lo sostendrá. Incluso si las finanzas disminuyen, Dios lo guardará. Incluso si los sueños mueren, Dios los hará revivir. Mientras Dios y su gobierno sigan siendo la regla general en su vida, familia, iglesia y comunidad, siempre hay esperanza.

Nuestro mundo necesita la agenda del Rey. Nuestras iglesias necesitan la agenda del Rey. Nuestras familias necesitan la agenda del Rey.

En muchas ciudades importantes existe un circuito que los conductores pueden tomar cuando quieren llegar al otro lado de la ciudad, pero no necesariamente desean atravesar el centro de la misma. Este circuito lo acercará lo suficiente a la ciudad como para que usted pueda ver sus edificios imponentes y el horizonte, pero no lo bastante como para experimentar la localidad realmente.

Esto es precisamente lo que nosotros, como cultura, hemos hecho con Dios. Lo hemos puesto en el «circuito» de nuestra vida personal, familiar, de la iglesia y la comunidad. Él se encuentra lo suficiente cerca como para tenerlo a mano si lo necesitamos en una emergencia, pero lo bastante lejos como para que no pueda ser el centro de lo que somos.

Queremos a Dios en el «circuito», no al Rey de la Biblia que llega al centro de la ciudad hasta el mismo centro de nuestros caminos. Dejar a Dios en el «circuito» trae consecuencias nefastas, como hemos visto en nuestra propia vida y la de los demás. No obstante, cuando convertimos a Dios, y su gobierno, en la pieza central de todo lo que pensamos, hacemos o decimos, es entonces que lo experimentaremos de la manera en que Él anhela que lo hagamos.

Él quiere que seamos personas del reino, con la mente del reino, cumpliendo los propósitos de su reino. Él quiere que oremos, como lo hizo Jesús: «No se haga mi voluntad, sino la tuya». Porque suyo es el reino, el poder y la gloria.

Solo hay un Dios, y nosotros no lo somos. Como Rey y Creador, Dios tiene la última palabra. Solo cuando nos alineamos bajo su mano que lo abarca todo tendremos acceso a su poder y autoridad completos en todas las esferas de la vida: personal, familiar, de la iglesia y la comunidad.

A medida que aprendemos cómo gobernarnos bajo Dios, luego transformaremos las instituciones de la familia, la iglesia y la sociedad a partir de una cosmovisión del reino basada en la Biblia.

Bajo Él, tocamos el cielo y cambiamos la tierra.

A fin de lograr nuestro objetivo utilizamos una variedad de estrategias, enfoques y recursos para alcanzar y equipar a tanta gente como sea posible.

Medios de difusión

Millones de personas experimentan *The Alternative with Dr. Tony Evans* [La Alternativa con el Dr. Tony Evans] a través de la transmisión de radio diaria que se reproduce en casi **mil canales de RADIO** y en más de **cien países**.

La transmisión en inglés también puede verse en varias cadenas de televisión y en línea en TonyEvans.org. Además, usted puede escuchar o ver la transmisión diaria descargando de forma gratuita la aplicación Tony Evans en la tienda de aplicaciones. Cada año se producen más de cuatro millones de descargas de mensajes.

Entrenamiento de liderazgo

The Tony Evans Training Center (TETC) [El Centro de Capacitación Tony Evans] facilita la programación educacional que encarna la filosofía del ministerio del Dr. Tony Evans como se expresa a través de la agenda del reino. Los cursos de entrenamiento se enfocan en el desarrollo del liderazgo y el discipulado en las cinco áreas siguientes:

• Biblia y teología
• Crecimiento personal
• Familia y relaciones
• Salud de la iglesia y desarrollo del liderazgo
• Estrategias de impacto a la sociedad y la comunidad

El programa TETC incluye cursos para estudiantes locales y en línea. Además, la programación de TETC incluye trabajo de curso para asistentes que no son estudiantes. Pastores, líderes cristianos y cristianos laicos, tanto de forma local como a distancia, pueden obtener el Certificado de la Agenda del Reino para el desarrollo personal, espiritual y profesional. Algunos cursos son valorados como créditos en los centro de estudios universitarios (CEU), así como también viables para la transferencia de créditos universitarios con nuestras escuelas asociadas.

The Kingdom Agenda Pastors (KAP) [Agenda del Reino para Pastores] proporciona una *red viable* para pastores con ideas afines que abrazan la filosofía de la Agenda del Reino. Los pastores tienen la oportunidad de profundizar con el Dr. Tony Evans mientras reciben un mayor conocimiento bíblico, aplicaciones prácticas, y recursos para impactar a individuos, familias, iglesias y comunidades. KAP les da la bienvenida a los *pastores principales y asociados* de todas las iglesias. KAP también ofrece una Cumbre anual que se celebra cada año en Dallas con seminarios intensivos, talleres y recursos.

Pastors' Wives Ministry [Ministerio de las esposas de los pastores], fundado por la Dr. Lois Evans, proporciona consejo, aliento y recursos espirituales para las esposas de los pastores mientras sirven con sus esposos en el ministerio. Un enfoque principal del ministerio es la Cumbre de KAP, que les ofrece a las esposas de los pastores principales un lugar seguro para *reflexionar, renovarse* y *relajarse* junto con la capacitación en aspectos como el desarrollo personal, el crecimiento espiritual, y el cuidado de sus emociones y el bienestar físico.

Impacto a la comunidad

Nacional Church Adopt-A-School Initiative (NCAASI) [Iniciativa Nacional de la Iglesia Adoptando a una Escuela] prepara a las iglesias en todo el país a fin de impactar a las comunidades mediante el uso de *las escuelas públicas como el principal vehículo para lograr un cambio social positivo* en los jóvenes urbanos y las familias. Los líderes de iglesias, distritos escolares, organizaciones basadas en la fe y otras organizaciones sin fines de lucro son equipados con el conocimiento y las herramientas para *forjar asociaciones* y construir *sistemas sólidos de prestación de servicios sociales.* Esta capacitación se basa en la estrategia integral de impacto a la comunidad basada en la iglesia conducida por Oak Cliff Bible Fellowship. La misma trata aspectos como desarrollo económico, educación, vivienda, revitalización de la salud, renovación familiar y reconciliación racial. Ayudamos a las iglesias a adaptar el modelo para satisfacer las necesidades específicas de sus comunidades mientras que al mismo tiempo abordan el marco de referencia espiritual y moral. Los eventos de capacitación se llevan a cabo anualmente en el área de Dallas en Oak Cliff Bible Fellowship.

Athletes' Impact (AI) [El impacto del atleta] existe como un alcance tanto dentro como a través del campo deportivo. Los entrenadores son el factor más influyente en las vidas de los jóvenes, incluso por encima de sus padres. Con el aumento creciente de la falta de padres en nuestra cultura, más jóvenes están buscando a sus entrenadores para su orientación, desarrollo del carácter, necesidades prácticas y esperanza. Después de los entrenadores, en la escala de influencia les siguen los atletas. Estos últimos (ya sean profesionales o *amateurs*) influyen en los atletas más jóvenes y los niños que se encuentran en sus esferas de impacto. Sabiendo esto, hemos hecho que nuestro objetivo sea equipar y capacitar a los entrenadores y atletas con respecto a cómo vivir y utilizar sus roles dados por Dios para el beneficio del reino. Nuestra intención es hacer esto a través de nuestra aplicación iCoach, weCoach Football Conference, así como también por medio de recursos tales como *The Playbook: A Life Strategy Guide for Athletes* [Manual práctico: Una guía de estrategias de vida para atletas].

Desarrollo de recursos

Estamos fomentando asociaciones de aprendizaje permanente con las personas a las que servimos al proporcionarles una variedad de materiales publicados. El Dr. Evans ha publicado más de cien títulos únicos basados en más de cuarenta años de predicación, ya sea en folletos, libros o formatos de estudio de la Biblia. El objetivo es fortalecer a las personas en su caminar con Dios y su servicio a los demás.

Para más información y una copia complementaria del boletín devocional del Dr. Evans, llame al (800) 800-3222 *o* escriba a TUA P.O. Box 4000, Dallas, TX, 75208, *o* visítenos en línea en www.TonyEvans.org.